华德福教育创始人的经典演讲

童年的王国

[奥]鲁道夫·斯坦纳 著
李萌萌 ◎ 编译

北京理工大学出版社
BEIJING INSTITUTE OF TECHNOLOGY PRESS

版权专有 侵权必究

图书在版编目（CIP）数据

童年的王国 /（奥）鲁道夫·斯坦纳著；李萌萌编译. —北京：北京理工大学出版社, 2018.4
ISBN 978-7-5682-5259-1

Ⅰ.①童… Ⅱ.①鲁… ②李… Ⅲ.①儿童教育—研究 Ⅳ.①G61

中国版本图书馆CIP数据核字（2018）第020018号

出版发行 /	北京理工大学出版社有限责任公司
社　　址 /	北京市海淀区中关村南大街5号
邮　　编 /	100081
电　　话 /	（010）68914775（总编室）
	（010）82562903（教材售后服务热线）
	（010）68948351（其他图书服务热线）
网　　址 /	http://www.bitpress.com.cn
经　　销 /	全国各地新华书店
印　　刷 /	三河市京兰印务有限公司
开　　本 /	710毫米×1000毫米　1/16
印　　张 /	11.5
字　　数 /	140千字
版　　次 /	2018年4月第1版　2018年4月第1次印刷
定　　价 /	33.00元

责任编辑 / 田家珍
文案编辑 / 田家珍
责任校对 / 周瑞红
责任印制 / 边心超

图书出现印装质量问题，请拨打售后服务热线，本社负责调换

‖ 序 ‖

《童年的王国》是一部有关儿童早期教育的著作。

近一百年前，在英国华德福学校开办前，斯坦纳博士曾经在这个学校中，给老师做了几天的演讲。在这次演讲中，涉及了很多的教育理念，我们需要整体地而不是分离地看待这些理念。就像看待植物与土地一样，而植物与土地就是一个有机共同体。

事实上，如果在一百年前，我们向所有的孩子传递这样的理念，那么现在就不会有大量伐木和过度开采石油等现象出现，我们所生活的地球，也不会像现在这样，总是充满自然灾害、充满污染了。

在本书中，最发人深思的，是斯坦纳博士对"以身作则"这一教育理念的看法。

我们经常见到的是,学校采用的是一种教育方式,可在日常生活中,人们所做的却与学校的教育大相径庭,而且还认为这一矛盾并不会影响对孩子的教育。

而斯坦纳博士则告诉我们,孩子学习的关键在于父母,他们不仅仅是在课堂中学习,更重要的是通过父母来学习,父母是什么样子的人,孩子就会成为什么样子的人。

在教育孩子时,不论父母还是老师,都需要时时注意这一点,随时进行自我反省,时刻保持警惕。

斯坦纳博士曾经提出了这样的一个观点:如果母亲过早生孩子或让孩子幼时过度地用脑,有可能会导致孩子成年后身心疾病的发作。现在,这个观点已得到了明确的验证。

事实上,教育学是一门包括生活、饮食、心灵等多种因素在内的综合性学科,是一种整体性的教育。

可以说,如果一个孩子有良好的生活与饮食习惯,个性乐观圆融,那么,就算太早地开发他的脑力,也不一定会有身心方面的问题。可惜的是,现代人的生活与饮食习惯有许多需要改进的地方,因而,着眼于整体的综合素质教育,必将是我们追求的教育目标。

可以说,华德福教育是一种另类教育,与正统的教育相比,它所采用的教学方法是与众不同的。

一般来说,另类的方法之所以让人接受,是因为正统的方法无法解决问题。但是华德福教育所运用的,就是最好的教育方法吗?

如今,关于这个问题,一直没有一个定论,因为不论是用哪一种方法教育孩子,在教学实践中,都有无法做好或无法做到的事。更何况,每个孩子都有不同的个性,所以,我们才说要"因材施教"。

如今,人们都有了"世界观",但在现实生活中,由于所面对的国情、民情不同,所看见、所使用的理念不同,就有可能产生不同的教育方法。所以,蒙台梭利教育法与华德福教育法就呈现了鲜明的对比之势。

事实上,在教育孩子时,不管是哪一种教育方法,都有一个共同的目标:希望孩子有一个美好的将来。

中医的《黄帝内经》上有一句话:"智者察同,愚者察异。"这句话的意思是说,聪明人,能观察到相同的部分,不会刻意排斥与自己理念不同的其他方法,愚笨的人,只能观察到不同的地方。

其实,这就是要求我们教育工作者,在教学实践中,一定要坚持求同存异的教学方法,不要固执己见地认为,某一种教育法一定适用于所有的孩子,而是要秉持着真心为孩子好的出发点,要了解各种教育方法的不同点与共同点,多借鉴他人的方法,多综合所有教育法相同的部分——"确实有利于孩子的利益的那部分",从而找到最好的教育方法。

  由于在斯坦纳生活的年代里,生物学与心理学的研究尚未达到现代的水平,有些对于人的生理、心理的研究方面尚处于空白,而斯坦纳是人智学的创始人,书中不免出现灵魂、前生以及转世思想,如何对待这些理论,编者希望读者仁者见仁,智者见智,取其精华,去其糟粕。其实,了解过去的一些落后理论也可以锻炼我们明辨是非的能力,反省自己的错误观点,从而教育好自己的孩子。

  真心地希望《童年的王国》一书能抛砖引玉,引导我们从中找到最好的教育方法,让更多的孩子受益。

目录

第1讲 （1924年8月12日）// 001

必要的改革阶段 // 004

新式教育的基础 // 006

了解人类的整体性 // 009

人类的灵魂与身体 // 011

儿童对环境的适应性 // 017

给儿童"灵性之乳" // 019

第2讲 （1924年8月13日）// 023

儿童身体的变化 // 025

儿童是全然的"感知器官" // 028

注重生活中细节的观察 // 031

儿童的玩具与想象力 // 033

图片式的教学 // 034

音语舞式的教学 // 037

适于人类学习的学校 // 039

更好地表达自己 // 045

做真、善、美的代言人 // 047

第 3 讲　（1924 年 8 月 14 日）// 051
　　换牙期到青春期的教育原则 // 054
　　地球与植物是不可分割的 // 057
　　向儿童介绍动物的世界 // 060
　　巧妙地利用动物的特性 // 062
　　与历史有关的教学 // 069
　　老师应该注意的事宜 // 070

第 4 讲　（1924 年 8 月 15 日）// 075
　　先点亮自己的灵魂 // 077
　　用故事唤醒儿童的某些感受 // 079
　　树立绝对的权威 // 082
　　了解每一个孩子 // 085
　　培养孩子对形状与谐调的感受 // 088
　　"整段式"的教学 // 092

第 5 讲　（1924 年 8 月 16 日）// 095
　　儿童数字的自然教学法 // 097
　　先整体，后拆分 // 101
　　幽默式的教学 // 105

第 6 讲　（1924 年 8 月 18 日）// 113
　　绘画或雕塑的教学 // 116

　　　　音乐与乐器的教学 // 119
　　　　语言的教学 // 125
　　　　呵护儿童对语言的感受 // 127
　　　　音语舞的学习 // 130

第7讲　(1924年8月19日) // 135
　　　　了解儿童成长的三大阶段 // 137
　　　　将世间万物与生命联系在一起 // 139
　　　　发挥儿童韵律系统的作用 // 142
　　　　在现实生活基础上的教学原则 // 144
　　　　我们的教学目标 // 151

第8讲　（1924年8月20日）// 157

第1讲
（1924年8月12日）

我们的任务是介绍一种教育，对人类的整体——身体与灵魂以及灵性都进行教育，同时这也是组成一个完整的人的三大因素。当你从事儿童教育工作时，你不能只考虑孩子在儿童期所应该接受的教育，你一定要从"他的整个人，整个人生如何"来判断你该做哪些事情。每一个人都应该学习如何"整体"地去观察人类。

第1讲 （1924年8月12日）

我亲爱的朋友们：

据我所知，你们想在英国建立一所学校，而且是想秉承人类智慧学的理念来建立这所学校。得知这一消息后，我心里非常高兴。或许，这是教育史上极其重要的一座里程碑。

我这样说，似乎有些不太谦虚，但是，秉承人类智慧学教育艺术的理念来办教育，确实是一件非常新颖的事情。

更让我开心的是，许多老师发自内心地认识到：人类智慧学教育法的特质与重要性，并且已经开始有所行动，比如，他们组织了一个老师学会。

必要的改革阶段

事实上，我们并不是因为出于对改革的狂热，才要赋予教育一个新的理念，而是这背后推动的力量是我们都能感受与体会到的：在文化的发展与进步上，人类已经走到了必须进行改革的时刻。

当然，一提及教育，我们都知道，在19世纪时，在改革教育方面，有很多杰出人士为此做出了巨大的努力。在过去数十年间，他们的努力是显而易见的。

虽然人们所进行改革的动机是良好的，所用的试验方法是完备的，但却缺少真正的知识作为后盾。

当时，人们所秉承的教育理念，是在物质文明充斥了我们的生活这一情况下所产生的。在此期间，人类根本无法拥有真正的知识。可以说，自15世纪开始，人类就无法拥有真正的知识。

或许，正是因为这个原因，当人们想要对教育理念进行改革时，可以说是在以沙筑城，不可能有稳固的根基。此时，一些与教育有关的法规，都是以"生命应该如何"为主题，明显带有个人的情绪，并且是以纯属个人意见的理念来制定的。

此时，人们自然不可能从了解人类的整体性这个角度质疑："在人类开始这一生的生命历程时，我们如何能够让他那上天所赐的本性步入

第1讲 （1924年8月12日）

光明之路？"

其实，这种问题虽然很抽象，却是只有在真正了解人类身体（body）、灵魂（soul）、灵性（spirit）的真相后，才能回答上来的。

现在，让我们了解一下与人类有关的一些现象。

通过生物学及其分支生理学、解剖学等，对人类身体进行研究，我们所掌握的知识已非常完善，但如果我们谈及与人类灵魂有关的知识，大脑中则完全是一片空白。可以说，每一次与灵魂有关的事件都是模糊不清的，我们完全不了解其中的真相。

我们只是使用思考、感觉、意愿这些名词，却完全不知道它们与灵魂有什么样的关联。

可以说，在对有关人类身体进行的科学研究上，我们确实很先进。如今的生理学家，绝对不会分错婴幼儿的肺与老人的肺，或是婴幼儿的头发与老人的头发。

可对于与之相关的思考、感觉与意愿这些名词，没有人能结合实际，具体地说出它们究竟是怎么一回事。（由于在斯坦纳生活的年代里，关于思考、意愿的研究尚不充分，所以斯坦纳有此观点。而以下关于灵魂的论述纯属斯坦纳个人观点。——编者注）

打个比方来说，没有人知道，对灵魂而言，意愿是新生的还是年轻的，而思考是古老的还是经久的。

其实，思考是老化的意愿，意愿是年轻的思考。因而，对灵魂来说，每一样事物都是或老或小地于人类的灵体内存在着。

即使是一位婴幼儿的灵魂，也有着老成的思考与年轻的意愿同时共存着。这就是实实在在的真相。

作为儿童的老师，总是处于无助的情形中。这个情形就如同你是一位医生，却分不清一个儿童与老人！自然，就会有非常无助的感觉。

那时，由于没有所谓灵魂的科学，老师们完全无法像现在的医生一样，在谈及人类身体时，如同谈论人类的灵魂一样自然。至于灵性，就更没人了解它是怎么一回事了，甚至都无法找到描述它的名词。

新式教育的基础

现在，我们不敢说我们对人类有何了解。自然，我们会觉得这样的教育是完全不行的，必须要进行改革的。

但如果你不完全了解人类，你又如何去进行改革呢？因而，这些长时间以来形成的教育改革理念，可以说都源于最佳的动机，但是人们却完全没有掌握与自身有关的一些真知。

在我们自己的圈子内，同样的情形也时有发生。可以说，现在，只有人类智慧学可以帮助我们掌握与人类有关的一些知识。

第1讲 （1924年8月12日）

之所以如此说，并不是因为我狂热的派别之心，而是真心建议，如果一个人真的特别想了解人类，就必须在人类智慧学中寻求。

显然，老师必须要以对人类的认识为基础进行教学工作，因而，老师们一定要掌握这样的知识，并且应该努力从人类智慧学中学习这样的知识，所以，如果有人问我们"新式的教育应该以什么为基础？"我会回答说："一定要以人类智慧学为基础。"

但是，有多少人，就连在我们自己圈内的人，都在竭力否认人类智慧学，在教学中，他们羞于让他人知道，他的教学方法是以人类智慧学为基础的。这就类似于古日耳曼的那句谚语："给我洗个澡，但别把我弄湿了。"

实际上，很多的教学项目都是以这样的心态进行的，这样做肯定是不行的。对于教学，你们一定要心口合一地说出事实。因而，如果有人问你：如何才能成为一位好老师，你一定要这样回答：以人类智慧学为根基。

你一定要认可人类智慧学，因为唯有这样做，你才能真正掌握对人类的某些真知灼见。

可以说，如今，在一些所谓文化的影响下，很多人对与人类真相有关的一些知识了解得较少。现在，与生命、世界、人类有关的理论有很多，却没多少是真知灼见。

只有了解了生活的真相,才能有"实实在在"的生活,但现在,我们完全没有这种生活。如今,你们知道谁是最不注重实际的人吗?不是科学家,虽然他们很差劲,而且对于生命相当无知,但是大家都看得出他们的过错。而那些最差劲的理论家和最不实际的人,却没有发现他们所犯的错。

这些人是谁?其实,他们就是大家所谓"最实际的人"——用他们的理论与建议影响了人们日常生活的人——企业家和银行家。

可以说,现在的银行是完全建筑在理论性的基础与想法上的,这些基础与想法完全不符合实际,可是关于这一点,大家都不曾注意到。

他们说"这种事一定要这样办,要做实事的人就一定要这样做",因而他们就这样做了,没有人意识到他们对生命所造成的伤害,最重要的是,这些方法一点也不"实际"。

事实上,现在所说的"实际生活",不论从哪一方面看,都不实际。对于这种伤害,唯有在导致了越来越多的毁灭性事件的发生,甚至发展到了摧毁人类文化的程度时,我们才会注意到它的存在。

如果让这种情形继续进行下去,你就会知道:以往所发生的世界大战没什么了不起,而这种情形只是以后会发生的更多、更大伤害的序曲罢了。

可以说,所谓的世界大战,就是由一些不切实际的想法所引发的。

第1讲 （1924年8月12日）

现在，人类再也不能沉睡不醒了，一定要觉醒，特别是在教学与教育方面，一定要多下功夫。

事实上，我们的任务就是推广一种教育，一种涉及整个人类的身体、灵魂及灵性的教育。

现在，由于所讲的课程是短期的，我只能讲与身体、灵魂及灵性有关的最重要的教育理念，与作为教学的指导方针。

了解人类的整体性

我们一定要去努力学习怎么样去观察整个人类。

现在，一般的教育原则是这样的：小孩子要这样、要那样，一定要学哪些东西等。然后，人们就会用所谓最好的方法去教孩子，让他们在最短的时间内学会这个，学会那个。

其实，孩子就是孩子。通常，孩子在12岁以前，他不会成为一个成人。最重要的是，我们要明白，"儿童总有一天会成年的"，这个问题是要从"生命是一个整体"的观点来看待。当你从事儿童教育工作时，你不能只考虑他在儿童期所应该接受的教育，你一定要从"他的整个人，整个人生"来判断你该做哪些事情。

如果一个班上，有一个孩子的脸色看上去十分苍白，我们就一定要问自己:"他为什么会脸色如此苍白?"我们一定要解开孩子脸色苍白的谜团。

自然,这其中的原因可能有很多,但我要说的是这种可能性:可能来上学时,这个孩子脸色红润,是我的教学让他变得脸色苍白。如果是这个原因的话,我就一定要接受这一事实,并且必须找到让他脸色改变的原因。

或许,在教学时,是我让这个孩子用太多心力来学习,让他过度地使用了他的记忆力。如果我不承认这种可能性,如果我是一个目光短浅的老师,认为不论小孩子脸色红润或苍白,我都要运用我的某一种教学方法,而且是不计任何后果地使用这种教法,那么,这个孩子的脸色就可能会持续苍白下去。

可怕的是,这个孩子50年后有可能患上严重的动脉硬化,这就有可能是因为他八九岁时,过分耗损他的记忆力所引发的严重后果!(此处是斯坦纳个人观点。——编者注)

作为老师,我们一定要明白,我今天怎么对待这个儿童,决定着四五十年后他可能会有什么样的人生。这是由于生命是一个整体,前后相连,所以,我们教育工作者不能只是了解这个孩子现在的情况,而是一定要了解人的整体性。

除此之外,我们还易犯一个错误,那就是我们常常想当然地对事物

第 1 讲 （1924 年 8 月 12 日）

下定义，并且希望孩子能了解每一个事物的定义。打个比方，我们总是让每一个小孩都知道这是狮子，那是猫，等等。但是这真的有必要吗？这是一件很值得反思的事。

人类的灵魂与身体

不可否认的是，人的灵魂也需要成长！如果我给了孩子一个所谓"正确"的理念，并让他一生都秉承这个理念，这种做法，就如同我在这个孩子3岁时给他买了一双鞋，之后就一直让他穿同样大小的鞋子一样。

众所周知，如果让孩子裹小脚，勉强他穿同样大小的鞋子是很残忍的！但现在大家要孩子们秉承的理念不随着他年龄的增长而有所变化，就等于是在压抑他灵魂的成长，等于是在给他的灵魂裹小脚！

什么是"考虑人类整体生命"的教育？所谓考虑人类整体生命的教育，就是在考虑一个不断成长的、有生命的人的前提下，去具体地进行教育，而不是只按抽象的教育理念去进行教育。

可以说，只有当你将人类的生命视为一个相连的整体时，你才会了解到人生的每一阶段都有很大的区别与不同。儿童在换第一颗牙之前，与他之后的成长阶段，是大不相同的！

或许，这种区别与不同很微小，但是，如果你能观察到生命中有关细节的不同，你就能观察到儿童在换牙前后的区别与不同。

你可以观察到换牙前儿童与生俱来的一些习气。此时，儿童的身体与动作就如同灵魂一样活跃，特别是在7岁以前。

或许，你会说："这个灵魂还真糟糕！"因为他们爱吵闹，总是难以琢磨，总是笨手笨脚。难道在投生之前，在灵界时，他们就是这副德行？（在此以下，斯坦纳大谈灵魂观念，不过，仁者见仁，智者见智，希望读者择善而从。——编者注）

亲爱的朋友们，你要多为他们考虑，在座的各位成人很聪明，你想想，如果你突然间被塞到一间华氏114度（摄氏46度）的房间内，也绝对会忍无可忍！

而对这个由灵界投生到人间的儿童来说，要他适应新身体及在地球的环境，是同样难以忍受的事情。

一个灵魂，突然被带到一个完全陌生的世界，又要带着一个身体四处奔跑，这就是孩子在出生时，所必须要面对的实际情况。

如果你知道如何去观察，去观察这个孩子每天、每周、每月的情况，你会发现，这个孩子不稳定的外貌一天天地稳定下来，并慢慢变得不再笨手笨脚，这个孩子渐渐地适应了环境，你就会悟到是这个灵魂渐渐地与这个孩子的身体相互适应，甚至合为一体，能够运动自如了。

第1讲 （1924年8月12日）

如果我们能够认真观察，我们就会了解儿童为什么是这个样子，我们也会了解：这是那个投生的灵魂在孩子体内所做的一些活动。所以，如果你知道了这些灵魂的奥秘，在观察孩子的成长这个过程中，就能有很多开心与美好的经验。因为此时的你是在学习天界之事而非人间之事。

一般来说，大家喜欢"乖孩子"，与他们的身体相比较，"乖孩子"的精神太沉重了，因而，他们的精神无法支撑身体。这类孩子通常表现得很安静，他们不大声地叫，也不乱跑，他们安静地坐着，不吵闹。这意味着，他们体内的精神一点也不活跃，之所以如此，是由于他们的身体有很大的排斥力。

通常，我们所说的"乖孩子"，多是由于他们的身体与心灵相排斥所造成的。与之相反的是，那些不太守规矩的小孩多发出吵闹声，他们会大声地喊叫，会给你找不少麻烦，这意味着他的精神特别活跃。

因为他们是由灵界转到了人间，虽然他们的身体看上去有些笨手笨脚，可他们的精神却极其活跃。他们尝试着去适应身体。

或许，有时你认为孩子们的疯狂大叫简直有些像是中邪了，其实你只不过是见到了精神投身于儿童身体内时，所需忍受的痛苦。

哦，我亲爱的朋友们！可以说，做一个成人要比做一个孩子容易得多。我的意思是，对灵体来说，相对容易得多。之所以如此说，是由于成人的身体已经完成了准备工作，不再有排斥现象了，因而，做一个成人就容易了，而做一个儿童则是非常的困难。

事实上，儿童自己无法意识到这一点，这是由于他们的意识还没苏醒，依然处于沉睡状态。可倘若儿童有进入尘世之前的某些意识，他就能马上感觉到这个困难。可以说，如果一个儿童能保存先前的某些意识，他将会认为生命是个大悲剧。

在儿童出生前，他已经习惯了从灵性的物质体之中获得灵性的生命。他不仅适应了这灵活的身体，而且也适应了他的业，他所有的过去所得到的果报，完全被包容于这个灵体之内。

现在，他降生于世间了。或许你会反问：你怎么能够将这些似乎很玄的事情，像讲一些寻常事一样讲得清楚？关于这一点，你一定要原谅我，这是由于我讲的这些都是实情。

任何人出生前，都必须得选一个好身体。当然，这个身体是由多代遗传而来。换言之，父母生了儿女，儿女再结婚后生子，如此世世代代地轮回。

这个通过遗传所生的身体一定要有灵魂居住其中，灵体必须进入身体中，并在其内部不断发展。不过，这样一来，就会面临这样的一种情况：他将自己拘泥于一个通过多代遗传所生的身体中了。

可以说，原则上一个人的身体很难完全满足他的灵魂所需，甚至是

第1讲　（1924年8月12日）

大部分的灵魂完全无法轻易地与身体相适应。

一般来说，倘若一个人有一双与手不相匹配的手套，他就会将这双手套丢弃了，绝对不想戴它。可当你由灵性世界降生到人间，需要一个身体生存时，你只好接受它，要一直等到你换牙为止。

其实，每隔七八年的时间，人类的身体就能完成一次更新。虽然这种更换不是更换全部的身体，可身体大部分的器官都能得到更换。打个比方，人类的第一套牙（乳牙）已经替换，我们的第二套牙会跟随我们至死。但我们身体的其他器官可不是这样的。

可以说，身体中那些比牙齿更重要的器官，往往是每7年完全更换一次。如果我们的牙齿像其他器官一样，能被经常更换，我们就会在7岁、14岁、21岁等年龄阶段，都会有一套新牙，那么，这世界上就不会有牙医存在了。

在身体器官的更换中，一些坚硬的器官会保持原状，一些软的器官则不断更新。可以说，在我们生命的第一个7年中，我们的身体是由外在自然环境和父母所赐予的，这就如同于一个模型，而我们处于身体内的灵魂，则像一个艺术家按模特的样子塑造的。

在换牙前，我们慢慢地将第一个肉身造成第二个肉身。这个过程是漫长的，大约需要7年的时间才能完成。换言之，这个按父母的模型所塑造的第二个身体，要在7岁以后才会出现。

现在，对所谓的人类遗传学等科学，很多人都是一知半解，与事实不符。

事实上，我们出生时得到那个模型式的身体，只能跟随我们7年的时间，在此期间，它慢慢地坏死，继而被替换，到换牙时，我们的第二套肉身已完全长成。

此外，还有一些较弱的灵魂，他们降生时十分衰弱。这些人就会完全依照第一个肉身来塑造他们的第二个肉身。人们都认为这是遗传所导致的结果，其实，这只是由于他们完全依照那遗传的肉身塑造了他们的第二个肉身。

可以说，一个人只有在生命中的前7年中，其肉身才真的是由遗传所得。但较弱的灵魂很自然地会全部复制他们的第一套肉身。

当然，也有一些较为健壮的灵魂在降生时，或者在7岁前，由父母那里继承一些特性，由他们的牙齿就不难看出来。一般来说，孩子们的第一套牙是非常脆弱的牙，那些强壮的灵魂如果能够得到适度的发展，他们的第二套牙必将发育得非常健壮。

我们会发现，在我们身边，有的孩子10岁了，身体还像4岁的孩子一样，这种孩子就完全是只靠模仿塑造成的肉身的典型。而其他的孩子就不一样了，他们将会融入更多的自我的特性，虽然它所遗传的肉身模型亦被使用，但并不是复制的，他们是在自主地创造自己的肉身。

第1讲 （1924年8月12日）

出现这一类的情形，你一定要特别重视。如果你不了解实际的情况，所谓的遗传学是无法给你正确答案的。

事实上，现在所谓的"遗传"科学，只适于用来解读生命中的前7年。当一个人7岁以后，一般来说，要继承、要遗传父母身体上什么样的特性，完全是由他自己来决定的。

换言之，我们可以将父母作为模仿的对象，但是在换牙时，我们所遗传的一些东西就随着这第一套肉身而被丢弃了！

儿童对环境的适应性

事实上，人类是来自灵性世界的，灵性是我们的本性。在儿童时代，人类会显得有点笨手笨脚，这是由于我们在适应这崭新的世界。

儿童的每一种本性，甚至连那被认为最糟糕的调皮捣蛋的孩子的本性都是非常迷人的。当然，我们还要依循一些传统教养的原则，适度地压制"儿童的调皮捣蛋"的行为，但我们可以借观察儿童，更清楚地看到人类的灵魂是在怎样地承受着那"老化之魔"的折磨。

如果你能清楚地意识到，一个儿童必须要进入这个在各个方面他都不太适应的世界，你就会了解他们的处境有多么悲惨。

当你有了一些启蒙的知识，并能用心地去观察儿童的身体所将面对的种种考验，你就会明白：一个儿童必须想办法去锻造复杂的筋、骨等组织，这是一件多么可怕的事，用"悲惨"来形容，一点也不过分。

可以说，一个儿童完全不了解这些事情。可作为老师，就一定要了解这一点，知道有一个"上天"本性的灵已经降生，并且要用最虔诚的心态对待他、观察他。

而要做到这一点，最根本、最重要的前提就是你要了解这一点，你要将这类知识灌注于全心，从而肩负起教育工作者应该肩负的责任。

可以说，一个人在出生前，或者说他在"灵魂界"的情况，与他出生后的情况是有很大区别的。老师们应该能够看出这一点。因为在他们面前的这些孩子，已有灵性。

可以说，在出生前，我们与外在的世界是完全融为一体的。我们的内在生命，其实就是整个的世界，没有"内在"与"外在"之间的区分。所以，对外在的世界，我们没有好奇心。之所以如此，是由于它已经完全被包容于我们之内。

这是很明显、很自然、原本就应该这样的。

在一个儿童生命的前七年，他就是在用灵界的心态学习走路、讲话与思考。或许，你想要引导、激发儿童的好奇心，从而引导他去学一个单字，但你会发现，你的做法反而无法让他产生想学那个字的意愿。

换言之，如果你想通过强烈的求知欲或好奇心引导儿童，那么，你

第 1 讲 （1924 年 8 月 12 日）

只会让他反其道而行，引导他远离了自己原有的意愿。

如果你想用好奇心引诱他，你一定要设法将自己与儿童融为一体，用心去体会儿童所喜爱的一切，在你用手做一个姿势时，你必须要让儿童感受到：那就如同他自己在用手做一模一样的姿势。

当然，也可以这样理解：你得让自己成为他的身体所延伸出来的一部分。

之后，当儿童到了换牙的时期，当他成长到7至14岁这一时期，你要注意观察，他的求知欲及好奇心是如何渐渐地体现出来的，他的好奇心是如何慢慢地融入他的生命中的。

可以说，一个幼小的儿童，只是一个小小笨笨的生物，他不会发问，你要让他对任何事物产生印象，就如同让他成为那件事物一样不容易。此时的儿童，就如同一袋面粉一样，你在它上面印一个什么样的印痕，它就会将这个印痕保留下来，这并不是因为好奇心所导致的，而是因为你真的与儿童共为一体了，并产生了一个印象，就如同你用手在面粉上印了一个印痕一样。

给儿童"灵性之乳"

不过，到了换牙期间，这种情况就有所改变了。此时，如果注意观察，你就会发现，儿童会开始问一些问题了：

那是什么？

星星有眼睛吗？

星星为什么在天上？

婆婆，你的鼻子为什么是弯的？

自此后，儿童开始问各种各样的问题，并且对周围的事物产生强烈的好奇心。

此时，你一定要用一颗细腻的心去感受，去注意观察在换牙时期，儿童慢慢产生的好奇心及注意力。当然，你也要准备好去满足他的好奇心，注意培养他的注意力。你要根据儿童的内在本性与特质，来决定你要教他什么。

其实，我的意思是在说，你一定要以最敏锐的心去观察儿童在换牙时期所产生或表现出的这些特质。

在此期间，儿童会有许许多多的特质产生或表现出来。不过，虽然儿童有了好奇心，但他此时所具有的好奇心并不是知性的（intellectual），这是由于此时的儿童还没有推理的能力。

可以说，所有的儿童在7岁时，都有想诉诸智力方面的能力。此时，儿童有了幻想，但儿童这个幻想的国度要由老师来建造，这个工程其实就是基于所谓的"灵魂之乳"（milk of the soul）的观念。

第 1 讲　（1924 年 8 月 12 日）

众所周知，儿童在出生后要喂母乳，母乳这种食物包含了儿童身体成长所必需的其他物质。

不过，当儿童进入了换牙期，在他开始上学时，你又得给他喂另一种乳液了，确切地说，你要给他的灵魂喂乳了。

其实，在这里，我们所说的"乳"的含义，是说你所教给孩子学的知识不能是支离破碎的，儿童所接受的知识一定要相互关联，甚至是浑然一体的。所以，在换牙后，儿童就必须吸收这种"灵魂之乳"了。

可以说，你分开教儿童们读和写，就好比你喂他们奶时，先用化学方法将奶分离成为两样不同的东西，然后再一样样地喂他们。

在教孩子读与写时，一定要完整地教他们有关的知识。你一定要以这种"灵魂之乳"的理念来教育这些刚刚入学的孩子。

事实上，一定要运用艺术性的教育方法，才能实践这个理念。因而，我们必须要将这种艺术的气氛融于每一项教学中去。此后我将会讲如何由绘画艺术拓展到写字技巧，如何将艺术性融入其中。

当你在想如何以艺术性的方式教他读书认字，如何以艺术性的方式讲述简单的初级算术时，你所有这些教学实践，就都与艺术性融为一体了。换言之，在儿童入学时，你已经慢慢哺喂他这种"灵魂之乳"了。

而当儿童进入青春期时，他们又需要"灵性之乳"式的教学方式了。

如今，这是一项非常困难的工作，这是由于在这个非常物质化、现实化的年代，人类的灵性基本上已荡然无存。可以说，在当今社会，制造"灵性之乳"是很困难的，但如果你无法完成任务，这些孩子们就得完全靠自己的力量度过青春期了，对他们来说，这是非常困难的一件事，因为在现代的社会中，已完全没有"灵性之乳"了。

在这里，我简单地向大家介绍这些情况，以便于你们在思考时有一定的方向。之后，我们将继续讲一些主题，并会详细地讲一些东西。

第 2 讲
（1924年8月13日）

　　我们一定要记住的是，人是一个整体，人的每一部分器官行动都要灵活自如，才能完美地运转与工作，因而，老师在日常生活与教学中，一定要认真地观察生命的每一个细节。

　　对儿童，特别是换牙期至青春期的儿童来说，由于他们想象力丰富，接收知识性的能力较差，如果过多让他们接收知识，会毁坏他们的想象力。多发展他们的想象力，才能给他们生命与动力。

第 2 讲　（1924 年 8 月 13 日）

儿童身体的变化

昨天，我提出了一个与儿童发展有关的问题，那就是儿童在换牙时期，是如何进入一个急剧变化的时期。

通常，我们所说的遗传性或遗传的特质，只有在生命的第一周期，才对儿童有直接的影响力，在一个人生命的前7年中，他会慢慢地按遗传的肉身模型，成长出生命的第二套组织。

大约在换牙时期，他的第二套组织形成了。

投身于人间的灵魂，倘若很脆弱，那么，生命的第二套组织会与第一套组织特别相似；反之呢，投身于人间的灵魂，倘若很强健，那么，它在7岁至青春期（大约14岁），会让我们看到，它是如何战胜它的遗传特性。

最重要的是，这些孩子的身体发生了很大变化，有的孩子的身体会变得与以前完全不一样，甚至连外在身体的体形都与以前有很大的不同。

可以说，在这生命的第二周期，我们去观察慢慢体现其特质的灵魂，是一件十分有意思的事情。而在生命的第一周期，儿童只能说是一个"感知器官"。

对于这个情况，我们可以举例来说明，比如，我们的眼与耳朵，这些器官的特性与功能是什么？事实上，它们能敏锐地感知着外在的世界。其实，你如果观察一个人的眼睛，你就能了解它是如何发挥功能的。

在儿童生命中的前7年，每一个儿童就像一个眼睛，现在，让我们看一下眼睛是如何工作的。从内科医学的角度来分析，当眼睛在看一些物体时，它们都会在眼内产生一个与实物相反的图像。换言之，在眼睛内，外在的世界是以图像的方式呈现的。内科医学对于眼睛的研究就仅限于此，但这个形成图像的过程，只是眼睛第一步工作的过程，是属于最外层的运作。

可以说，如果内科医生们能够更深入地认真而仔细地观察，他们就

第2讲 （1924年8月13日）

有可能看到，在这个过程中，眼内脉络膜血液运行的途径。事实上，正是在眼内的这个图像决定了眼内脉络膜的血流及其状态，整个眼睛就是根据这些而不断调整工作。

一般的医学并没有观察这些比较细节性的运作过程，但是，儿童在生命中的前7年，正如同一个大眼睛一样，我们设想在儿童身边，有一个人非常生气，并且爆发出了不良情绪，这就会让儿童有一个印象（这就像眼内的图像），于是，接下来，这种与他人生气有关的印象就会被传入他全身的血液循环系统及新陈代谢系统中去。（此处说法并非不符合科学，一个人生气会影响孩子的情绪与内分泌系统。——编者注）

在7岁以前，儿童就是这样的，在外在环境的影响下，他的全身组织都会不断地做出调整。一般来说，这些过程是在微细而缓慢中进行的，而不是非常猛烈地进行的。

在孩子的成长过程中，如若孩子有一位易怒的父亲或老师，那么，他全身的脉管系统（如血管、淋巴管等）就会受到不良影响，甚至会向着易怒的方向成长。这种在生命中早期所造成的倾向可能影响着儿童的一生。

对幼儿来说，他周围的人与物、环境，是对他们的成长有着深远影响的关键因素。

在幼儿时期，儿童们除了会模仿成人讲话之外，成人的其他东西都还未能让他们留下印象，真正会给他们留下印象的，真正对他们有影响的是"你究竟是怎么样的一个人"。

可以说，如果你的个性是善良的，你自然会散发善良的气质；如果你的脾气很坏，这也一样会成为你的气质，并体现出来。总之，你的个性、你的行为都会一点一滴地传入儿童身上，并深深地影响着他们的成长。

儿童是全然的"感知器官"

儿童是"全然的感知器官"，能随着他们周围的人所给他留下的印象而做出一定的反应，因而，对于我们来说，我们工作的重点不是去想象儿童是否能学会分辨善恶是非，而是要了解他们，了解我们所表现的一切行为，都一点一滴地被转化，并融入他们的身、心（灵魂）、灵（灵性）中去了。总之，你在儿童面前所表现出的行为，决定了儿童成长与发展的方向，以及他们未来一生的健康。

一般来说，他人告诉你应该如何教育幼儿园的孩子，都是一些完全没有用的知识。现在，一般幼儿园的教学内容都显得十分的"聪明"。

或许，你会认为，在19世纪，为幼儿园小朋友设计课程的人真是太"聪明"了。你看，在幼儿园中，小朋友们确实学到了不少东西，甚至

第 2 讲 （1924 年 8 月 13 日）

已经学习了如何阅读，而且儿童还学习了英文字母字形拼图。

从表面看，幼儿园课程的设置非常合理，这让你轻易地相信，在幼儿园所学的这些教材，以及老师的教学方法，都很适合幼儿园的小朋友。实际上，这对于他们的成长完全没有用，绝对没有任何价值，反而会损害幼小儿童的灵魂，甚至会伤害到他们的身体，直接影响他们的身体健康。

可以说，这些教材与教学方法对儿童未来身体与灵魂的怯懦产生了不良影响，如同埋下了导火线一样。

如果你换一种方法教小孩子们，如果只是让他们到幼儿园来，通过你的谨言慎行让他们模仿，如果你所做的一切都可以让他们从灵魂深处来模仿，当儿童习惯这种学习法，他们就一定会变得和你一样，此时，你就得好好反省一下：自己是否值得小孩子模仿。这是你在儿童7岁以前该特别注意的，仅仅用嘴巴说教、说一些大道理是没有什么作用的。

如果你在面部表情上，让孩子们感觉到你是一个暴躁易怒的人，那么，这必定会毁了孩子的一生。可以说，对孩子来说，作为一个老师最重要的职责就是，一定要全神贯注地观察人类及人类生命的本质。

可以说，你的教学计划是什么并不重要，最重要的是你是一个什么样的人。现在，每一个人都很聪明，所以，要编一个教学课程表是非常容易的。

我一直都没有看过不高明的教学方案，它们看起来都十分合理。可最重要的是，在学校内，一定要有老师能达到我以上所讲的水平与标准，你一定要有积极进取的理念，因为在儿童处于"全然的感知器官"这段生命期，这些对孩子的成长来说，是有非常重要影响的。

而在换牙期之后，儿童这种"全然感知器官"的特性就会慢慢消失。事实上，这种特性在儿童三四岁时，就已经开始慢慢降低，只是大多数人都不知道而已。在此之前，他们一直保持这种特性。

通常，人们在吃甜的或酸的食物时，总是习惯用舌头与味蕾品尝它们的味道，但一个幼儿在喝奶时，他是在用全身器官来品尝奶味，之所以如此，是由于他们的身体都是味觉器官。

通常，较大的孩子都爱模仿成人，所以，在他们十五六岁至二十岁时，对他们来说，有很多食物他们已经品尝够了，因而，他们对这些食物也失去了原有的新鲜感，但是我们却可以从儿童身上看到这种"全然感知器官"的特性。

有一个小男孩，如果有人要给他东西吃，他知道自己爱吃这种食物，他就会口、手、足并用地向食物的方向移动，以方便拿到食物。此时的他，就是一个"全然的感知器官"。后来，这男孩成为一位极优秀的舞蹈者，他非常了解舞蹈的精髓，这得益于他年幼时爬向食物的经历，那段经历帮助了他的"感知器官"的成长。

第 2 讲 （1924 年 8 月 13 日）

举这个例子，并不是想开玩笑，而是告诉你：一个人要如何去观察孩子。

注重生活中细节的观察

或许，很少有人将这些事情联系在一起。但这些都是经常发生的事情，很多人忽略了这些生命中的特性现象，仅想着要如何去教育儿童，却忘了观察生命本身的一些重要的现象。

可以说，与生活有关的每一个细节都非常有趣，而且越细微的事情越有趣，比如，你观察人们如何从水果篮中拿水果。事实上，人们从水果篮中拿出水果，然后放到餐盘中，或放入口中的方式是不同的，每一个人的拿法都不同，这种不同恰恰就体现了每一个人独特的本性。

倘若人们知道如何去增强自己的观察力，那么，在现在的学校中，就可以避免许多让人苦恼的事件发生了。现在，大多数的孩子拿笔的方法都不正确，这其中的原因，是老师们不知道如何用正确的方法观察孩子。可以说，用正确的方法观察孩子，是不容易做到的一件事。

现在，你要随时注意观察孩子，才能帮助孩子用正确的姿势握笔。当然，你也一定要记住：人是一个整体，人的每一部分器官都要灵巧才能完成整体的运转，因而，老师一定要能够仔细地观察生命中的每一个细节。

倘若你是一个喜欢遵循原则与公式的人，那么，你可以将这一点作为教育艺术化的第一准则——你必须能够观察生命演绎的每一个细节。

可以说，与生命有关的细节是千差万别的，比如，在儿童走路时，你可以从儿童身后观察他们，你就会发现：有的儿童走路时脚是完全着地的；有的儿童走路时是踮着脚尖，脚跟不着地的。

这是两种完全不同的走路方法，但在这两种极端之间可以有千万种不同的组合。

是的，要教育一个孩子，你一定要先清楚这个孩子是如何走路的。事实上，在前世时，脚跟完全着地的孩子有极强的参与性，对地球上的每一件事都十分感兴趣，他有许多潜在的天分。对这种孩子，你一定要挖掘他的能力；而那种用脚尖行走的孩子，他们在前生很普通，很平淡地过了一生，因而，你无法从他的身上挖掘什么，当你与他们同处时，你就必须努力多做一些事情，从而让他们有可以积极模仿的对象。（斯坦纳在此处的论点毫无根据，望读者慎重对待。——编者注）

在儿童的换牙期，你要同样努力地观察他们。现在，原本是"全然感知器官"的儿童要发展他们想象力的天分了，所以，你一定要时时考虑到这一特性，在他玩耍、游戏时，也要努力认真地观察他们。

第 2 讲　（1924 年 8 月 13 日）

儿童的玩具与想象力

可以说，这是个物质主义的时代，我们总是违反自然规律去教育孩子，比如，我们喜欢经常给孩子买美丽的洋娃娃类的玩具，这些洋娃娃有特别美丽的脸庞，粉红的双颊，躺下来会自动闭上的眼睛，如真人一样的头发，它们的美丽讲也讲不完！

鲜为人知的是，它却不利于儿童想象力的发展，由于这些产品没有留下任何想象的空间，儿童无法发挥自己的想象力，从而无法体验想象的乐趣。

如果你给孩子的洋娃娃是用手帕或毛巾做的，只用两个黑点表示眼睛，再用一点表示嘴巴，有两条似是而非的手臂，那么，他对这个洋娃娃，就可以无限制地发挥、运用他的想象力。

对一个儿童来说，玩具是最能让他们尽情发挥想象力的，这是一个很好的机会。儿童的玩具最好不是已经成型的。

事实上，就如同我前面所说的那样，那种有真头发的娃娃只是表面看起来漂亮，其实没有一点艺术气息。

作为一名老师，我们千万不能忘了，在儿童换牙期，儿童如同进入了想象的乐园，他们是充满了想象性而非智识性的。

你自己一定要与孩子一样，要有丰富的想象力，深入地了解人类本质的人能够做到这一点。事实上，要想真正了解人类的本质，就要学会放松内在的灵魂生命，让自己脸上绽露笑容。反之，如果一个人不了解人类的本质，就会露出不开心，甚至是郁闷的表情。

当然，倘若一个人是由于身体的某一内部器官有病而脸色不好看，这是没有什么关系的，这种情形并不会影响儿童的成长。

可以说，当一个人发自内心地特别想了解人类的本质时，在他的脸上必会精神焕发，光彩照人，而他也一定能成为一名优秀的老师。

在儿童由换牙期进入青春期后，你一定要设法引导儿童发挥想象力。此时，儿童"全然感知器官"的力量已慢慢内敛，并且进入了另一层次的灵魂与生命。他的感官不会思考，它们只能接受外部的讯息，换言之，它们是依靠外界的物体产生印象。

图片式的教学

可以说，当一个儿童的感官在做某种体验时，已经是一种灵魂性的反映，这种印象不是一种思考而只是一个影像，一个灵魂的影像，一个想象的图片而已。因此，你的教学方法必须以图片、影像作为根本与基础。

了解了这些理念后，在教儿童了解一些外界的事物时，你应该尽量

第 2 讲 （1924 年 8 月 13 日）

地用图形向他们表达、说明，比如，在教他们一些文字的写法时，无论是手写体或印刷体的文字，对儿童来说，都属于外界的事物。他们无法想象 A 为什么称之为 A，他们如何对 A 产生相关的联想？他们为什么能对 A 产生兴趣？

事实上，无论是 A 或是 L，对他们来说，都是完全无关，纯属外界的事物，即使我们知道这个事情，但儿童来上学了，老师就必须教他们学习这些知识，即使他们感觉这些知识与他们完全无关。

倘若在他们换牙前，我们就教他们这些知识，或者教他们如何做字母拼图等，其实并没有好处，因为这些都是与他们本性无关的事物与知识。

在此期间，一定要让孩子看有强烈艺术感的图片，让他们掌握创造与想象的能力，这才是最能够满足儿童诉求的能力。不过，要注意的是，在教学中，你要避免直接使用传统的印刷体的字母，最好用鲜活的图片，用有想象力的教学方式，这也可以说是人类文化发展的过程中所必须使用的传承方式。

在远古时期，人类就开始画画了，或者说，人们用画来做类似备忘录的东西。你不需要去研究人类的文化史，但你一定要将人类用画来表达意思的这种方式运用到教学中，让儿童看，这样一来，他们的学习就能变得轻松自在。

现在，我们用嘴（mouth）来举例说明一下：你先让一个小孩画或涂一个可爱的嘴巴，让他们在嘴巴上涂上红色，然后再教他们发这个字的音。在教他们发音时，你可以先不要让他们将整个字的音发出来，只先发M的音。你要先做示范，就可以让儿童明白如何发音。

可以说，这就是手写文字的起源，但在语言的进化中，文字必然会不断地发生改变。现在，虽然我们已经很难由某一个字去分辨其原本为一个什么样的图画，但在最初时，每一个声音都有一个图形，而每一个图形都只有一个意义。

作为老师，你不用去追溯最原始的文字，却可以根据自己教学的需要，创造一套适于你教学的方法。老师一定要有创造力，要因材施教。

在这里，我们用鱼（fish）这个词举例说明。在教儿童认识鱼这个词时，你依然可以让儿童画鱼。在教他们发音时，让他们先发这个词的第一个字母的音F，这之后，你就可以慢慢用鱼图勾勒出F这个字母。

可以说，如果你的创造力足够丰富，那么，你可以为每一个英语单词画出适用的图形。不管是什么词或音，都可以用这种涂画的方法表现出来（勾勒线条的画法是"画"，区块着色的画法是"涂"）。当然，用这种方法教学，比现在所用的传统方法麻烦。通常，在儿童画完后你得清理。但这是必须要用的，唯一实用的教学方法。

你也知道，英语单词字母是如何由图形发展出来的，而图形又是如

第 2 讲 （1924 年 8 月 13 日）

何直接由生命发展出来的。因而，这是你必须使用的教学方式。在教学时，千万不能先教他们阅读，而是要让他们先涂画，这样，他们就能对文字产生一定的印象。之后，再引导他们进行阅读。

如果你认真观察就会发现，在你四周，可以找到很多东西用于涂画式的教学，所有的英语，都应该用某词的第一个字母来表达。

元音字母的教学就没这么简单了，不过，你可以用下面这种教学方法。倘若你对孩子们说："看那美丽的太阳，你一定对它有一种仰慕的心，让我们这样站着来观察，来赞叹那美丽的太阳。"

接下来，可以让孩子们站着看，并用"Ah！"（啊！）表达这种赞叹。然后你再画出这个姿势，这是希伯来文的 A，也就是"Ah"的声音，惊叹的声音。此时，你只要将这个字母缩小，并慢慢将它变为真正的字母 A 就可以了。

音语舞式的教学

在儿童面前，如果你用舞蹈的方式表达音语，也是一种比较生动的教学方式。其实，这是让儿童用肢体的语言，让他们用各种姿势，配合你的音语舞式的教学。

可以说，音语舞式的教学方法可以大大地提高你的教学质量。通常，我们的声音原本就存在于音语舞的姿势与动作中，比如，O这个字母，是你以"爱"拥抱某样东西，这样的姿势就是O。你一定可以用一些肢体动作、语言，找到表达元音的方法。

在教学中，你一定要运用观察力与想象力，这样，儿童就能由事物本身学会声音及字母。同时，在教学中，你一定要以图形辅助教学。现在，这些已经成型的字母都有悠久的历史，它们都是简化的图形，可对于现代印刷体的字母，我们却无法得知能表现出它们的那些图形了。

当欧洲人到达美洲时，他们给印第安人看印刷的文字，印第安人被吓跑了，因为在他们看来，这些字就是魔鬼。事实上，如此可笑的事情，在19世纪中期时仍然存在。他们说："那些惨白脸（这是印第安人对欧洲人的称呼）用小魔鬼来互相交谈沟通。"

对儿童来说，字母差不多也是小魔鬼，因为对他们来说，字母是没有意义的。于是，一些儿童觉得字母有点魔力。事实上，字母确实有可能成为魔力的媒介，因为现代的字母已经只是一些符号了。

如果换一种教学方法，比如，用图形来教儿童，那么，对他们来说，图形便不是有魔力的符号，而是实实在在的事物，因而，你一定要用图形引导他们学习。

或许，有的人会不同意这样的教学方法，因为这样做的话，会推迟孩子们学读和写的时间。这些人之所以有这样的观点，是因为他们不知道，太早地让儿童学读、写，是对儿童的一种伤害。

适于人类学习的学校

可以说，让孩子太早就学会写字是一件非常糟糕的事情。以现代人的读与写的水平来看，儿童已经不适合过早学习。最好让他们在11岁或12岁之后再学习。在此之前，不要让儿童去学习读、写，这对他们的将来有不利的影响。

一般来说，在十三四岁时都无法好好写作的孩子，在未来岁月的灵性发展上，要比七八岁就能读写流畅的孩子障碍少（我自己的经历就是如此，我在十三四岁时还不能流畅地读写），这些都是作为老师必须注意的。

在教学中，或许你无法遵循这些原则，因为孩子们必须通过你们的学校来适应社会的生活环境，但是，当你掌握这些教育知识后，你就能对儿童教育产生极大的影响力。

可以说，你的影响力的大小，完全决定于你所掌握的知识是什么样的，如果你掌握了这方面的知识，你就会知道在教儿童写字前这是大错特错的做法。

其实，在教儿童写字时，如果用涂画的方式教他们，那么，他们整个人都是活动的，他们的手指、身体都在参与这件事。如果只有头部参与这件事，只有一部分身体运转，其他部分都不活动，那么，在这种情况下，是越晚教儿童越好。最好是先教能让儿童整个人都运转的事，再教单一特定的部分运作，这是一个非常重要的教学原则。

一般来说，如果你要用这样的教法，就不能期待有人会给你一套教材，教你每一件事情的相关细节，最重要的是，你要遵循大的原则去教学。因而，你就能够遵循人类智能学的原则，能够完全自由自主地运用你的教学方法，不过，这所谓的自由一定要包括老师自身的自由想象与创造力。

幸运的是，我们很成功地创立了适合儿童学习的学校，虽然我对这个成功产生过质疑。我们开办学校时，收了130多名学生，这些学生的父母多是爱米·摩（Emil Molt）先生工厂的员工。这其中，有些学生可以说是"非来不可"。

当然，这其中，也有主张人类智能学教学家庭的子女（在1919年，第一家适合人类的学校——华德福学校在德国成立，它是由亚士多利亚香烟公司的总管爱米·摩所创立的），在较短的时间内，它就发展成为一所有800多名学生，近40名老师规模的学校。这是一种令人难以置信的成功。

接下来，我将会讲这种适于人类学习的学校与教学方式，以及其

第 2 讲　（1924 年 8 月 13 日）

课程的安排，从中，你一下子就能看出来，它是多么不容易让人窥其全貌。但是，我也会告诉你们一些能够窥其全貌的方法。

通常，在五年级和六年级的班级中，由于其中的学生太多，我们必须在三个班中——A、B和C班中，实行并行教学的教学方式。因而，我们在A、B、C三班各有一个老师。

如果这三个班是在"正常"的学校中，会有什么样的教学情形呢？或许，走进A班的教室，你会看到老师在用所谓最好的一种教学方法教孩子。而当你走到B班的教室，你就会看到B班好像与A班没有什么不一样，只是教室里的学生与A班不一样而已。可以说，这两个班的教学方法完全一样，因为老师们都用了最"正确"的教学方法。当然，这种教学方法是在认真思考后的产物，也是最聪明的教学方法。

但是，在我们华德福学校中，不会有这样的情形发生。当你走进A班的教室，看到一名老师正在教写字，这位老师让学生先画出各种各样的线条，然后再画出一些形状，从这些形状中，就能看到字形在慢慢地呈现出来。

与之不同的是，B班的老师则喜欢用不同的教学方法，你可能会见到老师让学生"舞"出不同的形状，因而，这个班的学生们能用自己的身体来体会字母是什么样的形状的，之后，这位老师再将这些身体形状导入字母中。

任何人都绝不会在A、B、C三班中看到老师用同样的教学方法，都会看到他们在用完全不同的教法教儿童同样的知识，每一个教室中都充满着自由想象与创造的气氛。

一般来说，在适合人类学习的学校中，没有既定的教学规则，而是任一种不拘一格的教学精神在整个校园中弥漫。对于老师来说，了解这种精神是非常重要的一件事。

在这类学校中，老师的教学是完全自由自主的，这种不拘一格的教学精神是浑然一体的，他们可以完全自主地创造最好的教学方法。

或许，你会因此说："如果每一个老师都可以这样自由，那整个学校将会乱成一团。"是的，在五年级A班，没人知道他们正在玩什么游戏，而在B班，你有可能会看到他们在下棋，适于人类学习的学校就是这样：能享受完全的自由同时适于每一个年纪的孩子。

倘若你看过《华德福学校专题课程》，你就会明白你有最大的自由，而你所教的都是适合某个年龄段孩子要学的课程。

不可思议的是，没有一个老师对这种教学方式持反对建议。他们都非常乐意接受这种有一体性教学精神的原则，没有人反对或希望有其他特殊的安排。让人开心的是，大多数老师们都希望：在与教学有关的会议中，能够更多地讨论教学中要如何具体地做的一些事宜。

学校已经开办了这么多年，为何没有老师反对课程的安排与教学方

第 2 讲　（1924 年 8 月 13 日）

式？为什么老师们都同意课程的安排？因为他们找不出任何不合理的地方。在他们看来，课程如此安排是有其合理性的，是由于它所依据的原则是来自对人类本质的真正了解。

从老师自由想象与创造教材上，我们就不难看出，这种教学是多么自由。是的，我们学校所有的老师都感受到了这种自由。而当所有老师一起参加教学会议时，或者当我去他们的教室中时，我就会有另一种感觉：那就是当老师们上课时，基本上早已忘记所谓的教学方案了。当我进入教室中时，我能感受到的是：老师们在教学中临场发挥，创造出自己的教学方法与方案。可以说，当你以人类本质的知识为基础来教学时，就会有这样的结果。

事实上，这些原则会让你看到，由了解人类本质的真知所衍生的知识，能让孩子真正地领会并融入身心中去。所以，我们的教育及教学方法是建筑在"想象"基础上的。

作为老师，你一定要清楚明白，儿童在9至10岁之前，他们还不知道如何分辨"自己"与周围的环境。

或许，有的儿童是处于某些习惯才称自己为"我"，但事实上，他们却感觉自己与世界是浑然一体的，所以，有些人就有一个奇特的观念。在他们看来，原始人类觉得全世界都是"活的"。换言之，也就是说，他们认为无生命的物体也有灵魂，是活的。我们要了解儿童，就一定要将儿童想象成原始人类。在我们身边，一些儿童确实爱敲打某些物品，就如同那件物品有生命力，是活的生物一样。

可惜的是，实际情况并不完全是这样，儿童并不会去区分有生命与无生命的东西。

对儿童来说，每一件物品都是一样的，是没有分别的，他们自己也是如此。这种情形一般会持续到他们9至10岁这个年龄段。在此期间，他们都不会区分自己与周遭环境之间的不同。如何用适当的方法教育孩子，这是一名老师在教学时一定要考虑到的。

其实，如同孩子一样，在教学时，你要发挥创造力，要将人类智能学的理念融入自己的教学中。当你谈及动物或植物时，就要像谈人类一样自然、热情。比如，你可以对儿童说，周围的一切事物，不论是植物、动物或石头，它们都会互相交谈、互相运动，就像人类一样，它们也会讲话，也会互相爱或互相恨。

要提醒你的是，千万不要刻意地把它们讲成有魂有魄的生命，你要很自然地，要用儿童能理解的方式去讲述它们，这样，就能让那些"未能区分自我与周遭环境"的儿童听明白你在讲些什么。

之所以如此，是由于此时的儿童，一直纠结为什么石头没有灵魂而狗却有灵魂呢？对于成人来说，我们能马上区分出狗会动而石头不会动，可对于儿童来说，他们并不会将"会动"这个特性与"有灵魂"联

第 2 讲 （1924年8月13日）

系在一起。

可以说，你可以将所有的东西都当作人一样看待，可以认为它们会想，会有感情，会互相交谈，会相互讨厌或同情对方，因而，在儿童处于这个年龄段时，无论你教他们学什么，都要以神话、传奇或故事的方式传授给他们。

自然，在你所讲的每一个故事中，每一个角色都被赋予了鲜活的生命，注入了情感。你一定要记住，用这种方式滋养儿童灵魂深处的想象力，就是为儿童未来的心灵打下了最坚实的基石。

在儿童处于这个年龄段时，如果你硬塞给他们一大堆知识性的教材，会让孩子在将来有可能患身心疾病。在这里，我们一再地强调这一点：儿童是身体、灵魂及灵性合一的一个整体。

更好地表达自己

作为一名肩负教育责任的老师，在心灵上，你必须有艺术的情感，并具有艺术的气质。在教育儿童时，不仅要将思想、理念传达给儿童，更要在教学中明白如何更好地表达自己，这是一种无法估算的生命能量。

或许在不经意间，老师就向孩子们传达了许多的理念。老师一定要自觉地做到充满感情地向孩子们讲神话、传奇或故事。

事实上，由于我们出生在唯物主义的时代，我们很容易发现，一些老师在讲故事时，他自己根本不相信这些故事中发生的事情，并认为这些事情是幼稚可笑的。此时，人类智能学就可作为一种真知的向导。通过人类智能学我们了解到，如果我们将一件事情用图形来表达，就会比我们用一个抽象的概念去讲丰富得多。对于一个健康的孩子来说，他能很自然地感受到他需要以图形来表达一切事物，并以图形的方式接受、学习一切事物。

这也是孩提时的歌德学钢琴时所使用的方法。

最初时，老师教他如何用第一指，第二指等等来弹钢琴，他不喜欢这种教学方法，他那炫学派的老师与他的想法自然不合拍。歌德的父亲是炫学派的学究之一，自然会选择炫学派的老师教自己的孩子，而这些老师也都很不错，但是这类老师与小歌德的想法不一样，或者说他们的想法太抽象了！于是，小歌德就自己发明了一种学习方法。小歌德给每一个手指取了一个名字，比如，食指就叫作"杜德铃"（就是指东指西的小家伙的意思）。

一般来说，如果儿童认为自己是一个形象，那么，他们就希望一切的事物都以这个形象表现。正因为如此，孩子们需要能运用想象力、有艺术气质的老师，这样的老师才能以一颗真正"活跃"的心与孩子们相

第 2 讲　(1924 年 8 月 13 日)

处。这种活泼的特性对儿童的影响是无法估量的!

通过人类智能学,你学到了:要相信传奇、童话与神话故事,之所以如此,是由于它们是用想象性的图形表达了高层次的真理,于是,通过你让一些童话、传奇与神话再度有了灵魂与生命。

做真、善、美的代言人

可以说,当你在诉说这些故事时,你所说的每一个字每一个句子都传递着你对这些故事虔诚地相信的心理,从而将真理灌输进了儿童的心中,此时,真理就在你与儿童之间传递。

而一般老师的教学经常是在用非真理与儿童进行交流。"孩子们很笨,我很聪明,因为小孩子相信童话故事,所以我得讲童话故事给他们听,这就是适合他们听的东西。"当老师这样想时,非真理就会立马驾驭全局,他所讲的故事就会立刻以一种知识性而非想象性的能量灌入其中。

而儿童们,尤其是在换牙期至青春期之间的儿童们,他们会质疑老师究竟是智识性强还是想象力强。

通常,智识性的教学对儿童有阻碍性及毁坏性的影响,想象力则给予儿童生命及成长的动力。可以说让这些基本理念融入你的思想中是非常重要的。

在未来几天，我会详细地讲与这些有关的细节，但在今天结束前，我希望能再讲一件特别重要的事情。

通常，在儿童9到10岁之间，会发生一件特别的事情。

抽象的来说，在此期间儿童要学习如何区分自己与周围的环境。儿童感觉自己是一个"我"，而周围环境是外在的，不属于这个"我"的。

不过，这是一种抽象的理念，事实上，这个年龄的孩子会有一些困难或问题，他们来找你时，却讲不清他们因心理上的变化所产生的心理负担，于是，他们就会讲一些不知所云的东西。此时，你必须得用一个正确的方式、正确的答案来回答他。这对儿童的未来有极其重要的影响。

作为儿童的老师，除非你有绝对的权威，否则，你无法带这个年纪的儿童。换言之，除非你能让儿童觉得"这是真的，因为你认为这是真的；这是善的，是好的，因为你认为这是善的；这是美的，因为你觉得这是美的"，否则不要试图去给孩子做模范。所以，你讲了什么是真，是善，是美。为了孩子，你必须就是真、善、美的代言人。于是，为了你的孩子，你也一定要向着真、向着善、向着美的方向而身体力行。

一般来说，在儿童9到10岁之间，儿童的潜意识中本能地产生一种

第 2 讲 （1924 年 8 月 13 日）

感觉——"我从我的老师那里学到一切，但我的老师是从哪里学来的呢？是谁教我的老师？"此时，如果你粗暴地对待孩子，只会伤害到孩子。最重要的是，要用爱心、温暖的言语，避开伤害他们，并保留你在孩子心中真善美权威的地位。

通常，儿童的这种困难期可能会延续数周或数个月。此时，他会面临一种所谓的"质疑权威性"的危机，如果你能够用温暖的爱心应对这种危机，用温情和诚心与孩子相处，帮助孩子度过这个时期，保留你的权威，那么，孩子们就会获益良多。

最重要的是，在9到10岁之间，不能让孩子们对老师这个真善美的代言人的信心有所动摇。不然，引领孩子一生的内在安全感也会动摇。

作为一名老师，一定要时时记住这一点。虽然在教师手册中有许多如何做老师的指南，但是了解孩子们在儿童期，在任何一个年龄段，其心理上有什么样的变化，要比这些手册中所谓的指南重要得多！只有多了解儿童，不断调整自己的教学方法，才能让自己的教育光辉照亮儿童的将来。

第3讲

（1924年8月14日）

　　对幼儿来说，对他有真正影响的因素，是周围的人与环境。这些事物与人对他的影响非常深远而重要。幼儿喜欢模仿他人讲话，然而，他人说的话、他人教他的内容，对幼儿来说没形成真正的影响。真正对他有影响的，是他身边的人与事究竟是怎么样的，是"他到底是怎么样的一个人"。换言之，他人的个性与行为，在影响着幼儿。所以，作为一名老师，重要的不是你的教学计划，而是你是什么样的一个人。

第3讲 （1924年8月14日）

通常，当一个儿童成长到9至10岁这个年龄段时，他们就开始能区分自己与周围的环境的区别了。于是，在他们的一生中，就第一次有了主、客之间的分别。而所谓主体就是属于自己的一切，所谓客体就是指其他的人或物品。

此时，你就可以向他们讲述所谓的"外在"的事物了。

而在此之前，当你向他们讲这些外在的事物时，你得设法将它们看作是与儿童的身体浑然一体的事物。此前我已经讲过，你们可以如何向儿童讲动物或植物，要将它们讲得如同能互相交谈的人一样有趣。这样，孩子就能感受到，所谓外在的世界就是他们生命本身的一种延伸。

换牙期到青春期的教育原则

一般来说，当一个儿童到了9至10岁这个年龄段时，你必须向他们介绍某些外在世界的事物，也就是动物与植物世界的真相。此时，我还会向他们讲其他的主题，但所讲的内容则要根据儿童内在的需求以及他们所问的问题来教导他们。

作为老师，你要做的第一件事就是不要只看教科书，因为在向他们讲到动植物时，你在现在的教科书中，根本无法找到能使用的教材。

或许，用这些教科书来教大人有关动植物的知识，会是很好的教材，但如果你用它们来教儿童，你就会毁了孩子的独特性。

打个比方，倘若你将几棵植物放在儿童面前，然后向他讲解它们的不同之处。其实，你这样教孩子，是完全与现实脱节的！要知道，植物自身并不是一种现实。

倘若你拔一根头发来做检验，就如同这根头发是独立的一件事物，这也是与现实情况不相符合的！

在日常生活中，我们总认为：所有用眼睛能看见的，有外形的东西都是实际存在的，都是非常现实的，可你要明白的是，当我们讲一块石头的大小时，与我们讲一根头发或一朵玫瑰是不一样的！之所以如此说，是由于10年以后，这块石头将会与你现在所看见的没什么分别，而

第3讲 （1924年8月14日）

这朵玫瑰呢，在两天后就与现在完全不一样了。

如果要比较玫瑰花的话，要将这朵玫瑰与整丛玫瑰树在一起比对，这才是一种真实的情况。

可以说，即使是一根头发，它也不是独立生长的，而当它长在头上，当将它与整个人一起考量时，才是一种比较实际的状况。

倘若你到田里，拔起一棵植物，这就如同你从头上拔了一根头发一样。要知道，一棵植物属于地球的一部分，就如同头发是人身体的一部分一样。所以，独立地检验一根头发就如同它是凭空长出来的，是完全没有意义的！

再打个比方，倘若我们拿一个花盆，带一些植物回家去检验，也等于是做同样的一件傻事。因为这样做也是与现实完全脱节了，可以说，这种教学方法是无法让学生了解与自然或人类有关的正确知识的。

一棵植物并不是这株植物的全部，或许，它下面的土地也是属于这株植物的，而且是向四面八方延伸，而且延伸得很远，之所以如此说，是由于很多植物的根蔓延得非常远。

当你了解到一小块沾在植物上的泥土是属于它周围的一大片土地之时，你就会明白将土地弄得肥沃一些，对促进植物健康的生长是多么重要了！

有一些植物会在春天开花，秋天结果，然后开始枯萎、死亡，继续在它们所属的地球上生存。有趣的是，与此同时，其他的植物又在它所生存的环境中吸取地球的能量。如果这是地球，则植物的根就吸取其周围能量，因为如此，这些能量向上放射，一棵树就由此而形成了。什么是一棵树？其实，一棵树就是很多树枝聚集的地方，而不论你是观察一座看似无生命，却长了许多植物的土丘，还是在观察一棵充满了生命力的大树干，你都要明白，仅仅靠观察一棵植物，是绝对无法了解植物本质的！

如果你去到（最好用走的）一个地方，有很明显的地质特性，比如说红色的土，那么你就看看这块土地四周的植物，你会发现这些植物大多数长着黄里透红的花。花属于土地，土地与植物是一个整体，就像你的头发和头是一个整体是一样的道理。

可以说，在教孩子时，绝对不能把地理学、地质学和植物学分开来教，这样教孩子是很荒唐的。教孩子学地理学时，一定要将对当地的描述与对当地植物的观察一起教，这是由于地球是一个有机体，植物就如同是这个有机体上的头发一样。儿童一定要能够明白地球与植物是一体的，每一片土地上都生长着属于它的植物。

老师讲植物学时，必须与土地相连一起讲述，才是最正确的。此时，你要设法让孩子们感受到地球是一个生命体，它的上面长了许多头发。从某种意义上来看，植物就是地球的头发。

第3讲　（1924年8月14日）

众所周知，地球有重力，因此重力是属于地球的。事实上，植物的生长力属于地球。这是不可思议却必须面对的现实。

地球与植物是不可分割的

地球与植物之间是不可分割的，这就像人与头发的关系一样，也是不可分割的，它们相互归属。

打个比方，现在你拿盆栽向孩子们讲解一些植物的名称，这样的教学方法就是非常不实际的。

可以说，这种教学方法对孩子一生有不利的影响，因为这种教学方法绝对不会让他们了解一些翔实的知识，例如，土地有活力是因为有自然的施肥，人们应该如何对待土地，还有该如何给土地施肥……

总之，儿童应先了解土地是植物的一部分，然后，再慢慢了解如何耕种土地。

现在，人们越来越不了解现实世界的真相。在第1讲中，我所提到的那些所谓"很实际"的人，是最不了解真相的一些人，因为他们所掌握的全是理论，他们完全不了解现实生活中的真相，因而，他们总是用一种独立的眼光来看待世间的万物。这就是过去的五六十年里，许多地方的农产品品质大幅下降的原因。

前不久，在中欧召开了农业从业者会议，与会者都承认：现在的农产品品质很差，如果继续下去，恐怕再过50年，农产品将不适于人类食用。

为什么会这样呢？

原因很简单，那就是由于人们不了解如何通过天然肥料让土壤更有生命力。按他们的观念来看，植物是独立的，是与土地分离的，所以他们不可能了解如何给土地施肥。

可以说，倘若认为植物是可以独立生长的，那么，人的头发也可以独立生长，依此类推的话，头发应该可以在蜡油内生长，而无须长在头皮上，但事实上，头发只能生长在头皮上。

而我们要了解土地为什么是植物生命的一部分，就必须找出适合植物生长的土质。而要掌握施肥的技术，就先将土地与植物视为一个整体，当然，也得将地球视为一个有机生命体，而植物呢，则是与这个有机体共同生长的。

用这种方法教学，能让儿童知道，他们自己是在一个有生命的地球上生活，这种感受对他们一生有极重大的影响。

现在，让我们看看人们对地层的起源有什么样的观点，就知道这种影响有多大。

有很多人都认为：地层就是由一层层的土堆积而成的。但事实上，

第3讲 （1924年8月14日）

你所看到的地层是由古代硬化的生物堆积而成。在地球上，并非只有煤炭才是硬化的植物，如花岗岩、片麻岩等其他的东西，原来都是由动植物硬化而来。

可以说，人们必须要有土地、地球与植物为一体的观念，然后才能了解真相。而我们这些教学的意义不只在于教给儿童知识，更要让他们对很多事情产生正确的感受。当你以灵性科学的观点来看待事情时，你就能感受到这样教学的意义。

或许，你有很美好的意愿。你对自己说：我要让孩子们学到很多知识，让他们用观察法来研究植物，于是，你在他们很小的时候，就鼓励他们用花盆带一些植物回家观察，你们甚至会在一起观察，因为这是很真实的体验。你曾特别坚定地相信，这是通过观察事物所得的真相，可事实上，这只是对一个独立对象的观察课程，最重要的是，你所观察的事物，与现实是完全脱节的。这种独立对象课程的教法，是没有一点意义的。

对儿童来说，他们学习植物的方法，非常不切实际，就如同你不管人的头发是长在头皮上或长在蜡内是同样的道理，可实际上头发是无法在蜡内生长的。

向儿童介绍动物的世界

作为一名生物老师,我们也要好好考虑一下:应该如何向儿童介绍动物的世界。平时,我们总是看到动物与地球并没有直接相连为一体的现象,比如,它们跑来跑去,可以跑到这儿,可以跑到那儿,所以动物与地球的关系与植物是大不相同的。

动物有其他特性。在日常生活中,当我们观察不同的动物时,我们就会发现,它们具有各种不同的特性:我们会看到捕食性的野兽是残暴的,绵羊是特别温柔的,有的动物是勇敢的……

事实上,动物们有很多种特性,每一个动物,都有自己独特的特性。我们总是认为老虎特别残暴,因而残暴正是它最重要、最显著的特性之一;而可爱的绵羊非常有耐性,于是耐性就是绵羊最鲜明最显著的特性之一;笨笨的驴子看上去非常懒惰,虽然做事情时,它并不是太懒惰,但它的整个气质、表情,似乎在体现它这种懒惰的特性。事实上,驴子确实懒得改变它现有的状态,它走路是慢吞吞的,甚至不会因为任何其他状况的发生而走得快一些。总之呢,动物都有属于它自己的特性。

不过,通常情况下,我们不能用这种"个性化方法"将人分类。可以说,将地球上的人简单地分类,几乎是不可能的事情。我们无法说某

第3讲 （1924年8月14日）

人只有温柔和耐性这两种特性，只能说某一个人是特别残暴，某一个人是特别勇敢。你偶尔会发现某人有某项特性特别明显，但绝不会像动物的特性一样是如此显著。

那么，人类与动物的这些特性为何有如此大的差异呢？这种如此大的差异，又意味着什么呢？

事实上，人类具有很多动物的特性，甚至有所有动物所具有的特性。换言之，人类有每种动物都具有的一些特性。

打个比方来说，虽然有些人不像狮子那样特别威猛，但还是有点威猛；有些人不像老虎那样特别地残暴，但他们还是有点残暴，有点不近人情；有些人的个性虽然不像绵羊一样特别有耐性，但他们也有一些耐性；有些人不像驴子那样懒，但他也有些懒。

可以说，所有的人都或多或少都有动物所具有的一些特性。当我们能正确地看待这些现象时，我们就会认为：人的内心中，既有狮子与绵羊的特性，又有老虎和驴子的特性。

人类所具有的这些特性，并不像动物那样显得非常极端，而是非常自然，非常和谐地活跃在人的内心中。或者说，人类是综合了所有不同动物的特性，并且希望让自身的狼性、虎性、羊性、驴性等，非常和谐地在内心相融，并按适当的比例，与人类其他的特性保持和谐的关系。

在古希腊，有这样一则古谚："勇气若与智慧并行，将带给你祝福；若仅有勇气，则将带来毁灭。"可以说，一个人如果特别勇敢，甚至就像那些勇敢的鸟儿们一样在天空中不断地搏击，只有这样的勇气，对他不会有任何帮助。如果一个人有非凡的勇气，而且非常聪明，他的勇气与智慧是均衡发展的，那么，他的勇敢就能得到恰当的使用。

巧妙地利用动物的特性

现在，人类需要研究的课题，就是如何将动物的所有特性在我们身上适当地加以综合、协调的运用。

或许，我们可以用图形来表述这种情形，在这个图形中的各种动物，以及地球上所有的动物，它们与人类究竟有什么样的关系呢？

事实上，人类也许有第一种动物的特性，但并不具有它全部的特性，而且人类所具有的这种动物特性，是不断变化的。因而，在人的成长过程中，又有可能具有另一种动物的特性。依此类推，人类就具有了很多的动物特性。

从某种意义上来说，动物世界就是人类特性分散的结果，而人类则是所有动物特性的综合体。所有动物的特性都综合于人类之内，而你若将人类做分析，你便会得到整个动物界。

有意思的是，人类的外形也差不多如此。如果把一个人的脸切开，

第 3 讲 （1924 年 8 月 14 日）

然后，把一部分拉长，如此一来，这一部分的脸就与其他部分不协调了。而如果让前额再缩进去，就变成一个狗头的形状了。如果你用其他的方式改变这个人头，你也许可以得到一个狮子的头，甚至其他动物的头。

可以说，人类外形所有的器官都是动物器官的变形，但是以较为协调的外形在人类身上呈现出来。比如，鸭子是摇摆着行走的，这种让它摇摆而行的蹼趾，你也可以在人身上找得到，只是小了很多。所以，所有动物的外形与行为，都与人类自身有相似之处。

这意味着，通过了解动物们，我们发现，将它们的特性与外形综合起来，就可组合成人类，这也是归纳人类与动物界关系的一种方法。

某种意义上来说，动物界就是一个巨大的人类，不过，并不是以综合的形式存在，而是以细分为各种特性的形式存在着。这就如同你的外形一样，是非常有弹性的，可以从任何一个方向拉出来或缩进去。

可以说，如果将你的外形某一部分拉出来，你就会变成一种动物的样子，而如果将你脸上的部分往上推，再拉长，又会变成另一种动物的样子。因而，人类是动物的综合体。

在古代，人们就是这样传授动物科学的，这才是正确而全面的教学方法。不过，在今天，这种教学方法已经失传了。而在近代，大约在18世纪时，我们依然明白：如果让人的嗅觉神经足够敏锐，向内延伸，人的鼻子就会变成狗鼻子，如果狗的嗅觉神经萎缩，只留下一小部分，其他部分都变形，这变形的神经就是我们人类生命所需的神经了。

现在，让我们看下狗是如何嗅东西的，通常，狗的嗅觉神经由鼻子向后延伸，它可以嗅出每一件东西的不同之处。狗心中不会产生一个影像，但在它心中，有不同物品的气味储存。狗没有意志和想象力，但却对万物的气味有非凡的感受力，这是一种多么棒的能力啊！

事实上，对狗来说，这个世界亦是非常有趣的。对于外部世界，人类是用心力产生影像，狗则靠嗅觉神经嗅出不同的味道。

虽然人类也可以嗅出许多气味，与狗不同的是，人类只嗅出喜爱或不喜爱的气味，而狗则可以嗅出更多气味，狗是多么擅长于嗅东西啊！

警犬可以通过闻气味，来帮我们找到丢失的物品，或者通过追随气味帮我们找到某个人。对狗来说，一切皆有可能，因为这是一个充满着气味的世界，而它的嗅觉神经将这些气味信息传入它的头部。

德国哲学家叔本华曾经写过一本书，名叫《作为意志和表象存在的世界》（*The World as Will and Idea*），这本书是给人读的。但是，倘若这本书是一位天才般的狗狗所写，书名就会叫《意志与嗅觉所造的世界》，我相信这本书会比叔本华的那本书有意思得多。

在与动物相处时，一定要观察不同动物的不同外形，之后再描述它

第3讲 （1924年8月14日）

们，并且不能将动物分开描述，而是要总体描述，这样，就可让儿童们有这样的观念："动物界反映了人类的各种特性。"

事实上，在每一个地方，你都能找到人类与动物的关联性。或许，你为此感到好笑，没有关系，不用不好意思笑。可以说，在上课时，如果你能觉得某件事情好笑，说明这是幽默的教材，让孩子们笑笑也是很不错的。要知道，当孩子们看见老师总是拉着一张长脸，他们就会有样学样，甚至认为，一个人坐在讲台后面时就得拉长着一张脸。因而，如果你能在讲课时，用幽默的教学方式，能让孩子笑，就是最好的教学法。可以说，太严肃的老师是无法成功地教孩子学习的。

以上，我谈了与动物界有关的教学法。希望所有的老师都用这种方法教学。我将来要讲一些与之有关的细节，不过，现在你已经大体了解了它。在你想可爱的动物时，可以想象我们的本性，是分散于不同的动物身上，并且以各种动物的形态出现。

用这种教学方法，会让孩子有美妙的感受。儿童已经知道，在地球上，植物们、动物们有自己的世界。因而，他们能与地球上的万物共同成长。他们能感觉，自己是站在有生命的土地上。慢慢地，他们会认为，自己站立在地球上，就如同站在一个巨大的生物上面，比如，就如同站在一只鲸鱼上面。事实上，这是一种非常正确的感受，也是一个人对整个世界所应有的、真实的感受。

通过对动物的观察，儿童感受到了所有的动物都与人类有关系，而人类更有超越所有动物的地方，这就意味着人类将所有的动物特性，都融入自身之内了。

记得我曾讲过，儿童在9至10岁这个年龄段，就能区分自己为主体而外界为客体。此时，他也意识到了自己与周围环境是不一样的。

之前，你可以向他们讲一些神话与传说故事，你所讲的，无论是石头还是植物，都要像人类一样能互相聊天，因为此时，儿童还不会将自己与周围事物区分开。

现在，当他们已会区分自己与周围事物了，你就要引导他们，让他们与周围事物的相处方式，有一个更高的境界与水平，而且不能脱离我们所立足居住的地球。最重要的是，你要让他们感觉到地球与植物本为一体，是自然天生、本该如此的一件事情。

用这样的方式引导他们，他们才会对农业有正确的态度与理念，才能了解更多的农业知识，比如，农民之所以要给土地施自然的肥料，是由于某一种植物要由土地中吸取营养。

自然，他们也不会用一种孤立的、分离的方式去观察动物，因而，他们会认为动物们就是人类的某一分支，并遍布于地球的角角落落。

自此，我们可以了解到我们是立足于地球上的人，与动物有着密不可分的关系。

第3讲 （1924年8月14日）

在儿童10至12岁这个年龄段，我们要做的一件非常重要的事情，就是唤醒儿童的"植物的地球"和"动物的人类"观念，这样，儿童才能用自己的身体、灵魂与灵性所组成的生命，以一种最好的方式，扮演他们在这个世界上所应扮演的角色。

当然，要做到这一点，就一定要很艺术地让他们感同身受。只有通过"感受"植物是属于地球、属于土地的一部分，他们才会变得聪明一些，才能"思考"人如何与大自然和谐地融为一体。

作为老师，要不懈地努力，要让儿童了解人是如何与动物们联结的。此时，你最好能展示所有动物的"意志力"是如何在人类身上体现的，或者只是让它们以一种个性化的、以本性的方式于人类的身上体现。

可以说，在人类身上，我们能切实地感受到所有动物的特性。通过这种方式，人们接受动物们的内动力，也因此，人们可以根据自己的本性，扮演自己所应该扮演的角色。

如今，为什么一些人精神恍惚，如同失去了他们的根？在生活中，我们能看到，一些人走路的姿势都是错误的，他们不是一步步地走，而是拖着两条腿向前走。最可怕的是，这些人不知如何思考，对自己的一生、对自己一生该做什么，他们一无所知。或许，你让他们在缝纫机上做衣服，或拿着电话机讲话，或组织他们外出旅游一次，他们都明白自己该如何去做。可他们却不知道，自己一生该做什么，因为他们所受的教育中，没有老师引导他们，他们无法找到自己应该在这个世界上扮演的角色。

可以说，要改变这种情况，不是喊个口号说"我们要正确地教育人们"就可以做到的。作为老师，一定要用正确的方法教育他们，一定要在你所负责的课程内做到这一点。这不只是重要而已，这是最根本的。

可以说，我们的课题向来都是研究儿童在某一年龄段的特性发展。不过，这需要良好的观察力，需要了解人类的本质。

在这之前，我曾经讲到两件事：在9到10岁前，儿童需要认识整个的自然界都是活灵活现的，这是由于他们还没有意识到自己与自然界是分离的，所以，我们就要向他们多讲童话、神话与传说。再就是，我们要用我们周围熟悉的事物为蓝本编些故事，希望能够用故事和图像的表达方式，艺术化地唤醒儿童内心深处的感受。

而在儿童10至12岁期间，我们就能用前面所说的方式向他们介绍动物与植物了。

在此，要特别强调的是，即使儿童到了10至12岁这个年龄段，也不应该让孩子去了解一些非常流行的机械式、物理式的因果律之类的观念。

现在，人们似乎已经习惯了用物理因果律式的思维来思考问题。之

第 3 讲 （1924 年 8 月 14 日）

所以如此，是与现在的自然科学教育有关。

其实，向10至12岁以下的儿童讲课时，如果用物理因果律的教学方法，就像是向色盲的人讲各种颜色一样，没什么效果。因为这完全超越了儿童所能理解的范围。

可以说，儿童最需要的是活跃的图像影像，即使在儿童10岁以后，也要以图像的方式向儿童传授知识。

而儿童在12岁左右，他们才适于物理因果律观念式的教学。所以说，与物理学有关的课程，不应该在小于十一二岁的孩子们中设置。同样的道理，化学、矿物学等学科，也不应该在小于十一二岁的孩子们中设置。

与历史有关的教学

现在，我们再谈一下与历史有关的教学。

一般来说，在孩子12岁之前，应该只让他们对某些历史人物及历史事件中最鲜活生动的图像产生印象，而不是教他们如何按时间顺序看历史事件，这会让其产生某一件事就是另一件事的结果的刻板印象。

纵观我们的历史文化教育，多是很自傲的、自以为是的实用主义式的历史观。这让儿童难以理解，就像有色盲症的人无法理解颜色一样。

更可怕的是，如果一个人从小就接受这种机械式因果律的教育，则这个人的一生都会持有这种错误的观念。

可以说，在1910年所发生的事，并非是在1909年所发生的某件事情产生的结果，并依此类推地产生很多结果。

要让儿童在幼儿时就明白，对历史事件的演变，要感受其时间的深度，要知道某一历史事件是由许多力量共同造成的。

对儿童讲这些问题，一定要等到他们到了12岁左右的年龄，而且必须用物理式、机械式的因果律教学方法，之前呢，只能用图像影像类的教学方法。

要强调的是，用图像影像类的教学方法，就需要老师运用想象力才能满足教学的需求。而当一个老师对人类的本质有了深刻的认识，就可以满足这种需求了。这可以说是一个必要的先决条件。

作为老师，你必须发自内心地，非常真诚地教学。所以，道德教育必须和一般的知识教育同时进行。

老师应该注意的事宜

现在，我们可以做一下总结，要特别注意以下几点：

第3讲 （1924年8月14日）

（1）在教学中，要根据儿童的本质，根据他们的特性，决定要如何对待他们。倘若你让7岁的儿童学习与物理因果律有关的知识，那么，就可能阻碍他们的成长与发展。同样的道理，总是处罚儿童，也会阻碍他们的成长与发展。

（2）在教学中，要让孩子学会感恩。在华德福学校，有一些很让人感恩的教学经验。

一般的学校多用处罚的方式教育孩子，举例来说，一个小孩如果犯错了，作业写得不好，通常就要留在教室里面做一些算术题目。而在华德福学校，绝对不会发生这样的事情。

在华德福学校做过类似的实验：一天，有三个小孩犯了错，他们的老师就让他们留在教室里做算术。没想到的是，其他的小孩都说："我们也想留在教室里做算术。"

为什么会如此呢？因为在华德福学校，他们所接受的教育理念就是"做算术是很好玩的事情，而不是一种处罚"。在教学中，你不能让孩子觉得留下来做算术是一种处罚，而是要让孩子觉得是好玩的事情。这就是为什么整个班级的孩子都想留下来做算术的原因。因而，如果你要想让孩子有积极的态度，你就不能用处罚的方式教育孩子。

再看另外一个例子。

在华德福学校，有一位史登博士，在处理偶发或意外事件上，他常有妙招。

有一次,史登博士正在上课,突然,他发现有的孩子在桌子底下传纸条。自然,他们都没认真地听课。史登博士发现此事时,没有对他们说"我得处罚你们了"。与之相反的是,他开始讲邮递系统是如何运转的。

最初的时候,孩子们非常好奇:老师为何会突然给大家讲邮递系统,但不一会儿,他们就明白了其中的原因。

事实上,正是老师突然改变课题,让孩子心理发生了很微妙的变化,甚至让孩子们感到很不好意思。自然,他们就不再互相传递纸条,而是认真地听课了。

作为一名老师,要管理好一个班的学生,不是那么简单的事情。创造教学方法的前提,是你要完全与儿童融为一体,而不是去盲目运用一些呆板的传统教学方法。

很多人习惯处罚孩子,或许,处罚的目的是让他们改正不良的行为。事实上,如果你能够不动声色地让他们产生羞耻心,而不是使用一些严厉的处罚方式,将会收到更好的教育效果。

如果老师用孩子喜欢的方式教学,在孩子心目中,这位老师就是好老师。

可以说,做老师最重要的一点,就是要有自觉性。打个比方,倘若

第3讲 （1924年8月14日）

一个孩子与邻桌的孩子发生了矛盾，在情急之下，将墨水洒在书上或桌子上。此时，老师千万不能向孩子说"你不可以生气！好人绝不会生气，一个人应该平静地忍受一切。如果下次我再看到你生气，我就会把墨水瓶丢在你的头上"。如果你这样做，你将很难达到教学的目的。

孩子犯错时，老师一定要控制好自己的情绪，一定要明白：绝不要在纠正学生的过错时，与学生犯一样的错误。

同时，一定要了解，在儿童的本性中，他的潜意识部分是如何运作的。在人类本性的深处，充满着不可思议的清明与智慧，甚至儿童也是如此。

每当我看到老师在教学时，总是拿着教科书对着学生照本宣科，或是拿自己笔记本上的问题来问学生，都会感到特别的可怕。

或许，孩子们看上去并没在意到这一点，可倘若你能察觉真相，你就会发现他们潜意识中的智慧。

有时，孩子们会向自己说："我的老师不知道我该学什么，为什么我还要学老师不知道的东西？"可以说，只要老师总是拿着一本书照本宣科地教学，那么，孩子的潜意识中就会做出这样的判断与质疑。

在教学中，老师一定要注意这类微妙的事情。只要儿童的潜意识注意到了老师必须看着书，照本宣科地教学，则儿童就会认为这是不需要学的东西。

　　这些就是我今天想要讲的。之后几天，我将会讲一些与儿童教育有关的特殊课题，以及与其各个阶段的教育有关的一些课题。

第4讲
(1924年8月15日)

　　儿童在换牙期至9到10岁之间，在教学中，老师要注意的是，一定要用描述性、想象性的图形与影像来教学。在上课时，老师一定要用心去教学，甚至是要让自己的心与他们的心水乳交融。这样，才有利于孩子吸收知识。

第 4 讲 （1924 年 8 月 15 日）

先点亮自己的灵魂

之前，我曾经告诉过你们，当一个儿童在换牙期，当他在9至10岁这个年龄段时，要如何用描述性、想象性的图形与影像来教育孩子。可以说，只有用这样的方式教他们，孩子们对所学的东西，才会铭记终生，这甚至会影响他们一生的发展。

要想让孩子能健康地成长，有一个良好的发展，一个特别重要的前提就是你要设法唤醒儿童的观念及感知，而不是用僵化死板的教学方式。

而要想能唤醒儿童的观念及感知，你一定要能够感受到自己内在的灵魂生命。作为一个教育家，要耐心地进行自我教育，唤醒那些一定会发芽、成长的灵魂。之后你就能够有很多奇妙的发现，但要想达到这种境界，你一定要有勇气，要积极地努力进取。

在塑造自己的心灵时，无法承受最初时的痛苦、笨拙与不顺利等情况的人，在内在生命修持上，他们永远无法有所成就。

作为一名教育工作者，你最先要承担的任务就是点亮你自己的灵魂并不断地努力、不断地积极进取，但最重要的是，你要先点亮你的灵魂。

在教学实践中，或许有这么一两次，你成功地发明或使用了一些图形与影像式的教学表达方式，并且也因此看到了孩子们表现出的感动，之后，你就会发现自己有深藏的天赋，你会发现，这一类的教学方法愈来愈容易地被自己发明。

或许，在此之前，你并不知道自己有如此非凡的创造力。但是，你一定要敢于忍受最初时的小缺点。可能，当你在孩子面前表现得有些笨拙时，你会觉得自己根本不该做老师。此时，人类智能学的观点会给你提供一些帮助。你必须要有自信，要相信自己能在缘分的引领下，成为这些孩子的老师，虽然自己的表现是有一些笨拙。所以，老师以及其他教育工作者一定要勇敢地面对自己的一生。

事实上，我们的教育并不是为了老师，而是为了孩子。

第 4 讲 （1924 年 8 月 15 日）

用故事唤醒儿童的某些感受

在生活中，很多事情都可以深入到儿童的灵魂中，并伴随着他们的成长过程，在多年之后，这些事情依然能重新唤起儿童的某些感受。在儿童七八岁左右，你所教的一些事情，可能在日后以某种方式重演。可以说，教育的成效是其他任何事都无法比拟的。

正因为如此，在华德福学校，我们尽量让学生始终跟随同一个老师学习，这样时间越久，对孩子的成长越有利。

如果孩子们在 7 岁左右开始上学，自此后，最初教他们的那位老师，就尽量一直带着这个班。即使他的教学方法与所教的内容不成熟，但他可以修改完善，不断提升自己。

现在，让我们做一个这样的假设：假设我们给七八岁的孩子讲一个非常有想象力的故事，要注意的是，在讲这个故事时，不必让孩子马上了解这个故事中所有的图形影像，最重要的是，这个故事一定要优雅、迷人，要让他们听了故事后十分开心。

这个故事的情节，可以是这样的：

据说，在某一个地方，有一棵树，每天，阳光升起时就会洒落于它的树枝间，而在阳光能照耀到的地方有一棵紫罗兰。

这是一棵非常低调的紫罗兰,她在这棵叶子硕大的树下生长着,通过树枝间的光线看到蓝蓝的天空。

当刚刚开花的紫罗兰第一次看到蓝天时,她有些害怕。不过现在,她不那么怕了。尽管至今她还是不清楚,在第一次看到蓝天时,自己为什么会那么怕。

不久,来了一只狗,这一只狗既有点淘气,又有点凶巴巴的。

好奇的紫罗兰向狗打招呼,她说:"你能不能告诉我,在那上面,那个与我一样蓝的是什么东西?"事实上,蓝色的天空确实如紫罗兰那么蓝。

淘气的狗故意要吓紫罗兰,他说:"哦!那是一朵特别大的紫罗兰,以后呢,他会长得更大,大得能压碎你!"

听了狗所说的话,紫罗兰更怕蓝天了,她怕天上的紫罗兰会长得很大,然后压碎自己。

她不敢再看天空中那巨大的紫罗兰了,悄悄收起绽放的花瓣。整整一天,她都藏在被风吹落的大叶子下面,想着那可怕的大紫罗兰。

可怜的紫罗兰一夜都没睡好,她一直等着最可怕的事情发生,幸运的是,最后什么也没发生,早晨依然又来临了。

紫罗兰悄悄爬了出来,她先看见的是玫瑰色的朝霞,是升起的太阳。这一切让她很高兴、很开心。当朝霞褪去,太阳渐渐地升高,蓝天

第4讲 （1924年8月15日）

愈来愈蓝，可爱的紫罗兰又想起那只狗说的：那蓝色就是一朵大大的紫罗兰，将会把她压碎。

正当紫罗兰忧心如焚时，来了一只可爱的小羊，紫罗兰问小羊："那天上蓝蓝的到底是什么？"

小羊说："那是一朵非常大的，如同你一样蓝的紫罗兰。"

听到这里，小紫罗兰又开始害怕了，她害怕小羊接下来所讲的话，会与那只狗讲的一样，就又问道："亲爱的小羊，请告诉我，那个大大的紫罗兰会不会下来压碎我？"

但温驯的小羊却说道："噢！不会！他有比你更大更多的爱！他爱世间万物，会保护你的！所以，他比你更蓝。"

终于，小紫罗兰知道了，天上的大紫罗兰是不会压碎自己的，那大紫罗兰更蓝的原因是他有更多的爱，他会保护自己的，不让任何东西伤害自己。

了解了这些，小紫罗兰特别地开心，每次看到那大大的紫罗兰时就像见到了神圣的爱，就这样，小紫罗兰特别喜欢一直看着天上。

以上给孩子讲的是紫罗兰的故事，他们一定会特别认真地听，因为他们非常喜欢听这一类的故事。

不过，要注意的是，在给孩子讲这类故事时，一定要看他们的心情如何，最好是在他们有心情听的时候讲。此时，他们才会全身心地融入这个故事中，并有深刻的感受。

对孩子来说，这是很重要的，是否能达到目的，则取决于老师是否能够维持教室内的良好秩序，给孩子们一个良好的听故事的环境。

树立绝对的权威

为什么在给孩子讲与自然有关的故事时，也必须要考虑到教室秩序的维持？其实，这是让孩子对讲故事的人有一种尊敬之情。

从前，在华德福学校中，有一位聪明的老师，他既会讲很好的故事，又能在讲故事时，激发孩子们对老师的尊敬、仰慕之情。

每当这名老师给孩子讲完一个很刺激的故事，孩子们就会喊着再讲一个。于是，老师就一个接一个地讲故事。

或许，当你遇到这个情况时，你无法准备这么多要讲的故事，所以，在给孩子讲故事时，千万不能像蒸汽机的引擎一样一直给儿童灌输故事，形式要灵活多变，引导孩子们问问题。

你注意观察孩子们的表情和姿态，就知道什么时候他们有问题想问了，此时，你要给他们时间，让他们提问，然后，可以将故事与他提的问题一起进行讨论。

第4讲 （1924年8月15日）

或许，会有小孩子问："为什么那只狗会告诉紫罗兰天空如此可怕？"

对于这个问题，你可以这样说，这是由于狗想像天空一样树立权威，并且要把恐惧带给人类，它习惯于让人们怕它。这样解释，就能让孩子们明白为什么狗会讲这样可怕的答案。

当然，你也可以向孩子们说明一下，小羊为什么会有不同的答案。

一般来说，当你发问后，会引出另一个问题，甚至很多问题。

但在整个讲故事过程中，你要驾驭全局，在教室中有绝对的权威。否则，当你回答一个孩子的问题时，其他孩子可能会开始搞恶作剧。

当有孩子在搞恶作剧时，特别是较小的孩子们在搞恶作剧时，你不要责罚他，你一定要有一种耐力，要对此视若无睹。

在我们学校，有一个老师非常擅长处理这类事情，为此，我特别敬佩他。

记得是10年前，在他的班上，有一个淘气的学生，每当老师和其他学生做事情时，他就会跳起来打其他同学。此时，如果老师表现出生气的样子，这个孩子就会更淘气。不过，每当这个孩子淘气时，这个老师就视而不见，最后，那个孩子失去了调皮的兴趣，反而能安静地听讲。

一般来说，当一个孩子故意做坏事时，就是想引起他人的注意，如果你特别去注意他，自然会影响自己的教学。

可以说，一个老师如果无法维持教室秩序，没有绝对的权威性，那就难以驾驭学生。

或许，也可能出现这样的局面：在教室中，一个小孩跳起来玩，另一个小孩子站起来唱歌，也有孩子随音乐跳舞或打旁边的同学，甚至有孩子跑出了教室去玩。一时间，教室内乱成一团，让学生专心听故事，是不可能的事情了！

此时，你的精神与心情的好坏，能决定你的教室秩序的好与坏。确切地说，你教室秩序的好坏取决于你是否有足够的自信心。

通常，在上课时，你一定要真正地与孩子们的心交融。

做到这一点的前提是，你非常了解你班上的孩子们。即使你的班上有50多名学生，你也能了解他们每一个人，能对他们每一个人都有深刻的印象，能了解每一个人的个性、天赋等。

在学校中，每周一次的老师会议是不可或缺的。在我们所召集的老师会议中，有时，我们会认真地讨论个别学生的特性。

在这个每周一次的会议中，每一个老师所能学到的，就是如何多考虑学生的独特性，并且根据学生的个性教学。每次会议结束后，老师可以学会改善自己的教学方法。

在孩子的内心中，会有诸多的谜团。老师在给孩子解谜的同时，也会感觉自己的内心在成长。在教学中，你必须把这种感觉带到课程中。可

第 4 讲 （1924 年 8 月 15 日）

以说，当老师与孩子的内心并不相互呼应时（有时候就是这个样子），一些孩子就可能会搞恶作剧或打架，这就导致正常的课程无法进行。

或许，在教学时，你经常见到这类情况。其实，一个老师能否自如地处理这类意外，关键在于每天早上老师是否愿意以一种淡定的心态，来面对全班每一位不同性情的学生们。尽管这样做，看上去要花费至少一小时的时间。事实上呢，不需要这么长的时间，只要10到15分钟就可以了。

了解每一个孩子

要提醒老师的是，你一定要慢慢地培养一种可以了解每一个孩子的能力，唯有如此，你才能马上察觉课堂上到底发生了什么。

可以说，你要想有一个良好适当的氛围来讲这些有图形影像的故事，你一定要了解孩子们的特质。

根据儿童特质来对待儿童，对老师来说，是非常重要的。与孩子相处时间长了，你就会发现，最好的方式，就是让特质相同的孩子待在一起。这样，你能轻易观察到哪些孩子是易怒型，哪些孩子是忧郁型，哪些孩子是乐天派，从而能深入地了解全班的学生。

事实上，当你在认真地观察学生，并将具有相同特质的学生安排在一起时，也等于在帮助自己，为自己在课堂上树立绝对的权威。

可能，你做梦都不会想到会有这样的效果，可这些事情就是如此奇妙。所以，我们的教育工作者，都要做自我内心的修炼。

不要怕让冷漠的学生都坐在一起。通常，当他们都坐在一起后，他们会先互相厌倦，进而会对自己的冷漠特性产生强烈的反感，接下来，就会不断地改变自己的冷漠特性。

不要担心易怒型的学生在一起时，互相打骂。要知道，他们总有打累的时候，那时，他们就不会再打架了。可以说，让易怒型特质的孩子待在一起，能非常有效地打磨他们个性上的锐气。

不过，这需要老师能依照孩子的特质来对待他，特别是在老师与孩子讲话时，比如，老师与孩子讨论刚才讲过的故事时，老师一定要依照孩子的特质来对待他。

如果有一个学生是冷漠型的，那么，在与他讨论刚才所讲的那个故事时，就必须表现得比他还冷漠。

通常，乐观型的孩子注意力转移得快，总是从一个印象飞掠到另一个印象，无法暂时停留，所以，与他们相处时，你必须要思维敏捷，比他还快地由一个印象飞到另一个印象。

对易怒型的孩子，最好的方式是以其人之道还治其人之身。与他们相处，你要变得易怒，要用夸张多变的表情。一般来说，当他们看到你

第4讲　（1924年8月15日）

难看的怒容时，那些爱发脾气的孩子，对此会产生一些反感。

在给孩子讲故事时，要慢慢营造一些气氛，让你所讲的故事，不再仅仅是一个故事，而是一个将来可以再进行讨论的故事。

要注意的是，必须要先让孩子们讨论一个故事，以加深他们对故事的印象，之后，再叫他们重讲一遍。最错误的做法是，刚讲完一个故事，就立即对孩子说："艾恩·米勒，你来把这个故事再讲一次。"

还要注意的是，孩子们有没有记住这个故事并不重要，最重要的是孩子们开心就可以了。

一般来说，孩子们从换牙期到9至10岁这个年龄段时，对于我们所讲的故事，记住多少都可以，忘了也没关系。因为孩子的记忆力，是用其他方法训练成的，不是靠老师让他讲故事就能训练成的。

为何我会讲紫罗兰这样一个有这样内容的故事呢？现在，让我们好好考虑一下。

其实，最重要的原因，是由于这个故事内，包含有利于孩子成长的思考影像。将来，你可以将这类故事的内容用于教学中。比如，以上故事中的小紫罗兰。在看到了天空中的大紫罗兰后，小紫罗兰很害怕。在讲故事时，你不必向孩子解释这件事。不过，在以后的教学中，当你面对较复杂的教学问题时，或遇到孩子害怕的问题时，你可引导他回忆这个故事。

可以说，在这个故事中，有比较巨大的事物，也有弱小的生命。其实，在我们的生命中，也会不断出现小的和大的事物，它们互相关联，互相影响。这个故事前半部分，主要是讲有些淘气的狗如何恐吓紫罗兰，以至于让她误以为真；而后来的绵羊所说的仁慈及爱心的话语，却让紫罗兰不再害怕天空。

总有一天孩子会长大，那时，你就会发现，正是当年你曾经讲过的故事，以及故事中所表现出的善、恶的观念，让他有了自己的善、恶的观念，引领他不断成长。而对故事的感受，深深植入于孩子的灵魂之中，并能影响他的一生。

对较大的孩子来说，你可以与他们谈一些与少年时有关的内容简单的儿童故事。你可以借这个机会让他们明白生命中某些不同的感受。在以后的教学中，你都可以用这个故事抛砖引玉，启发他们，给他们以参考与借鉴。

培养孩子对形状与谐调的感受

在早期幼儿教育中，你可借助图形与影像进行教学。当然，也可以在孩子们较成熟时，让他们不断回想这些影像。

不过，最好是你能创造一些影像。这样一来，你就会表现出自己的

第4讲 （1924年8月15日）

创造力，就会创造许多生动而美丽的故事。这些故事会时时浮现在你的头脑中，无法忘却。

事实上，人类的灵魂就像是无尽的涌泉，只要你曾经激发了它，那么，它们便会不断地涌出智慧的财富。可惜的是，很多人都十分怠惰，懒得花力气去激发他们灵魂中已有的天分。

我们一定要记住，不要试图在幼儿身上开发那些成人才有的智慧与能力。对于幼儿教育，要以一种图形及想象的方式来发展。

让我们看看另外的一种与图形有关的教育。

下面，我们来讲一下8岁左右的小孩能做的练习。或许，在开始的时候，他们无法做得很好，这没什么。比如，你画一个图画，你一定要设法让孩子们觉得这个图是不完整的，就好像缺少了什么东西似的。

这就会让孩子觉得，这个图是不完整的，我一定要让它变得完整。慢慢地，你让孩子自己画完这个图。而他呢，就会加上那缺少的部分。

此时，刚有思考与观察力并充满了想象的孩子，他的思考方式，甚至是他所有的思考都是影像式的了。

可以说，当你让孩子学会了画简单的图形，接下来，你可以教孩子难度更大的图形。

用这种教学方法，可以让孩子对形状有一定的感受，并且对孩子的对称感和谐调感的体验有一定的帮助。

再深入一步地说，这种教学方法，对孩子有其他帮助，比如，可以唤醒孩子们对图形的内在规则感。在图画中，可以让孩子们看到某些地方的线会连在一起，某些地方的线又相互分开，这种连在一起又各自分开的情形，是很容易让他们感受到的。

接下来，你可以再画下一个图，你把弯线拉直，要有一定的角度，然后要求他们，必须让那些内部的线相对称。

对于8岁的小孩来说，这项工作有一定的难度。但是，如果他们完成了各类图形，他们将特别有成就感，即使之前，你已经先让他们看过完成的图形是什么样，这也没什么关系。

要注意的是，你应该让孩子自己来完成图形。

如何教导儿童，是一门艺术。而教儿童对形状、谐调、对称线等有切实的感受，更不是一件简单的事情。

不过，由此，我们可以再教孩子一些关于物体是如何相对称的知识与观念。

你可以让孩子观察物体在水面形成的倒影，激起儿童的好奇心，由此，你可以引导儿童去感知世界上所有有谐调感的物体。

可以说，图形想象式的思考方式，也可帮助孩子掌握一定技巧与能力。

在教孩子时，你可以对孩子说"用你的左手摸你的右眼！用你的右

第 4 讲 （1924 年 8 月 15 日）

手摸你的右眼！用你的右手摸你的左眼！从你的后面，用你的右手摸你的左肩！用你的左手摸你的右肩！用你右手摸你的左耳！用你的右手摸你的右脚大脚指"。

在教学中，你可以让孩子做不同的，甚至有些奇怪的运动，比如，你可以让孩子："用你的右手向左画一个圆！用你的左手向右画一个圆！用两手画两个交叉的圆！用两手画两个圆，两手要向不同的方向。要愈画愈快！现在以较快的速度让你右手的中指动来动去，现在，再换成大拇指，现在换成小拇指！"

当我们让孩子在快速而警觉地做各种运动时，会对孩子有什么样的帮助呢？

事实上，在儿童8岁左右时，如此教学方式，会让他们"想"，会让他们为自己的将来着想。

倘若一个儿童仅仅学习了如何用大脑去思考，这种思考是不会维持一生的，一个人一生中总在思考，就会有"想累了"的感觉。

而当人们要做特别警觉的动作时，通常需要先思考，才能做出这样的动作。接受过这种训练的孩子，进入社会后，就非常聪明而且细心。

一般来说，孩子们在6岁或7岁时所做的活动，到他们35至36岁时便能在智能上有所体现。因而，人们生命中的不同时期，都是互相关联的。

当我们了解了这些关联后，就要尽力多教孩子一些知识。

同样的道理，我们也可以让孩子感受颜色的谐调感。我们先让孩子做一个练习，要让孩子先涂一些红色，之后，让他去感受一下，红色旁边如果涂上绿色，是多么协调。当然，如果让他用颜料来涂的话，会更容易地看出来。

然后，你可以把以上的涂色过程按相反的顺序来做，并向孩子说明一下。

你可以这样对他们说："我要把里面涂绿色，那你要在外面涂什么颜色？"

之后，孩子就会涂上红色。就这样，慢慢地，孩子就能感受到颜色的谐调感。

在这个过程中，孩子先看到有绿色在内，红色在外围绕；而如果红色部分变绿色，那么绿色的部分就一定要变红。让大约8岁的儿童去感受这种颜色及与之相应的图形是非常重要的。

"整段式"的教学

可以说，我们的课程，一定要用一种有内在形态的方法来教。要想成功教学的话，就要丢弃传统教学的时间安排。

第4讲 （1924年8月15日）

通常，在华德福学校，我们用一种"整段式"的方式来教学。一般来说，一个主题会用4至6周的时间来完成；换言之，在此期间，是一直在教同样的主题。

在教学的时间安排上，我们不是安排8点至9点教算术，9至10点教阅读，10至11点教写字，而是一个主题持续地进行，直到孩子学得足够多时，我们才变换成另一个主题。

有时，我们在多周的时间内，一直安排孩子上算术课。然后再更换一个主题，至于什么时候要更换，则要根据实际情况决定。

不过，也有一些主题需要每周都教的，等一下我会讲。

原则就是，这种"主要课"要持续教一整段日子，这是我们严格遵守的一个教法。在一整段日子里我们只教一种主题，但是这些课程会包含相关性的课程。

这样做，可以让孩子的心灵避免受到伤害。一般来说，我们不会让孩子在吸收新知识的同时，还要消化上一堂课的内容。可以说，整段式教学法，是避免让孩子太累、避免让孩子受到心灵伤害的不二法门。

当然，也有人担心，这种教育方法是否会导致孩子忘记他们以前所学的知识？对于某些特别的课题，我们会安排重复性学习。而对大部分课题的安排来说，因整段式教学而导致的忘记，相比从中所得到的收获，只是不足挂齿的小问题而已。

第 5 讲

（1924年8月16日）

　　在教孩子数字与算术时，老师一定要掌握这样的一个秘诀，那就是由真实的生命中演算出数字。老师在教学中，所使用的每一种教学方法，都要自我们可以用眼睛看到的事物中演算出来。

第5讲　（1924年8月16日）

儿童数字的自然教学法

作为一名老师，你要对你所教的每一个主题的精髓，都有深入的了解，这是非常重要的一件事。

只有这样做，你才不会在教学中使用偏离生命本质的教材。只有与生命本质密切相关的知识，才最容易被人理解。

换言之，不管是什么知识，如果一个人能真正了解它，必定会发现它是与生命息息相关的。而那些抽象性的事物则没有这种特点。

现在，很多老师所掌握的理念大部分都是抽象的。可以说，在很多方面，他们的观念都与现实生活完全脱节。这就导致教育与教学变得非常困难。

只要你回想一下，你是如何想数东西和你究竟是如何一数东西的，你就会发现，这两件事根本无法联系起来。尽管你学会了如何数东西，但你不清楚的是，你究竟是怎么数东西的。

在教学时，我们有不同的数字和算术的理论为依据，根据这些理论教学，似乎是天经地义的。

说实话，这些教学方法表面上看效果还可以，可实际上，这些与真实生命无关的教学方法，并没有真正让孩子铭记于心。

在一些公司的办公室中，我们可以看到，人们总是用各种计数器来计算。或许，这与我们目前关注的课题无关，不过，如果在教学中我们这样做，会让你无法根据孩子们处理数字的天分来教学。

事实上，计算数量应该用心演算出来，你要明白的是，你不应希望孩子了解你所教的每一样东西，这是非常重要的一个理念。可以说，儿童需要权威人士的领导，但你一定要自然而然地树立自己的权威。待孩子到了十三四岁的时候再回忆这段时光，他们就会说："在我八九岁时或更早的时候，我接受了最权威的教导。"

对孩子来说，这是十分重要的，因为它能唤醒一个人的新生命。

可是，现在所谓的对象化的教学法，会让你感到非常失望，因为这些全都碎片化了。而在他们看来，这样的教学法是为了让孩子容易理解

第5讲 （1924年8月16日）

所学的知识。

现在，你可以想象：你面前有一个小孩子，他的行动都还不灵活，而你却对他说："你就站在这里，你看着我，现在，我拿一片木头和一把刀，然后我把这片木头切成好几片，我可不可以这样切你呢？"

自然，孩子会说"不可以"，然后，你就对他说："你看，我可以把木头切成两片，但木头一点儿也不像你，而你呢，也一点儿不像木头，你们之所以不像呢，是由于我不能像切木头那样把你切成两片。总之，你与木头是不同的。不同点就在于，你是一个整体的单位，是一个'一'，而木头不是一个'一'，我不能把你切成两个，因而，**我就说你是'一'，是一个单位。**"

对孩子讲这个问题时，你一定要慢慢地深入，让孩子看这个"一"是用什么符号来表示的。你画一条线：I，这样，你用这条线表示这一个单位。

现在，你就可以不再用木头与孩子做对比，你可以对他说："你看，这是你的右手，但你还有一只手——你的左手。当你的这只手在活动时，另外的一只手也同样可以跟着动，这样一来，它们就可以互相地握手，可以合在一起了。这和你只有身体在动是不一样的。当你自己走动时，你是一个单位。而这只手可以摸另一只手，这样，它们就不再是一个整体的单位，这是二元体，也就是'二'，你看你是'一'，但你有两只手。"然后你就把"二"画给他们看：II。

你可以用这种方式教儿童掌握"一"和"二"的概念。而孩子马上就会了解这些字母。

不过，当你说出"四"这个数字时，如果你能加上手势来表现的话，就能更容易地表达出"四"这个数字。自然，我们还可以把大拇指藏起来，这也是一种表达"四"的方式。当你将大拇指藏起来，这四个手指头就如同树木一样立于地上：IIII（古罗马人最常用的表示4的方法是IIII，Ⅳ的写法直到中世纪才流行起来。——编者注）。而当你把大拇指竖起来，就变成"五"：V。

我曾经与一位老师讨论教学，当谈及罗马字母时，他无法想出罗马人没有用五根线而用V来表示"五"的原因。

于是，我对他说："现在，让我们这样做一下。让我们将四个手指头作为一个组合，大拇指为另外一组，这样，我们就组成了这个'V'字形。而事实上，我们的整只手就能用来表示罗马数字中的'五'。最初，'V'这个字就是这样产生的，整只手都在这个字里面。"

在如此短时间的讲座里，我们只能讲一些大原则性的东西，但用这些方法，我们就能由现实的生活中演绎出数字。可以说，只有用这种具体又实际的方法教授数字，儿童才能有积极主动的表现。

你可以对孩子们说："现在，请按顺序，读出这些数字：一、二、

第 5 讲 （1924 年 8 月 16 日）

三、四、五、六、七、八、九……"

此外，你还可以从韵律开始教学。如果现在我们是从一数到二，那顺序就是"一、二，一、二，一、二……"，练习期间，可以让孩子们一次次重复。然后再学习"三"，这都是要按韵律进行的：一、二、三，一、二、三……以这种方式，我们将韵律融入数字序列中。与此同时，我们也兼顾了儿童的能力。

这就是儿童数字的自然教学法，是从实际出发，结合现实生活中的一些实际情况来教学的方法。

先整体，后拆分

事实上，算术也是从生命自身中演算出来的。可以说，鲜活的事物必定是一个整体，因而，必须要用整体的方式表现出来。如果一个老师告诉孩子零件可拼成整体，这就是一种非常错误的教学方法。最正确的方法，应该是让他们先看到整体，然后再将它切分，或拆分成若干部分，这是引导他们有正确理念的最佳途径。

孩子的天性是爱玩的，他们很多自然的需求与倾向，总是在不经意间给成人增添一些麻烦。比方说，如果你给孩子一块手表，孩子首先就会想要把它拆开，把整体拆成一个个的零件。

事实上，这种做法是与人类的本性非常相应的，那是由于他们想看看整块的手表到底是如何由各种配件组成的。在教孩子算术时，一定要把孩子的天性作为考虑的重点。这对我们的整个社会的文化发展有极大的影响。

在13至14世纪以前，很少有人重视将零件组成整体的这种理念。伟大的建筑师们大多是由整体的观念来建造房子，而不是从零件开始拼成一所房子。

可以说，这种以零件为起点的理念，是以后才融入人类文化之中的，结果，却让人们认为每一件物品都是由很小很小的零件组成的。

在教算术时，你一定要特别注意这类事情。

倘若你向远方的一个大森林走去，通常，你会先看到整个森林。当你走近时，才会发现，整个森林是由一棵棵的树所组成的。

事实上，当你教算术时，就应该用这样的方式。比如，在你的皮包中，有一堆铜板，而不是有1、2、3、4、5个铜板。可以说，我们将这5个铜板视为一个整体。这就是最初的状况。

同样地，当你煮豆子汤时，你是先有一锅豆子，而不是先有1、2、3、4、5或30或40个豌豆。再比如说苹果吧，你的篮子中，肯定是先有一篮苹果，而不是1、2、3、4、5、6、7个苹果。从某种意义来看，你有一个整体与你有几个苹果有什么关系呢？你不过就是带一堆苹果回家

第5讲 （1924年8月16日）

而已了!

如果你有3个孩子，你不会给他们每个人同样多的一份苹果，因为孩子有大有小。你会到篮子中，拿3个给大的孩子，拿2个给小的孩子，这样，你把你这一堆苹果分成了3份。

无论在什么样的情况下，分配与共享都是一件不容易的事情!

有一位妈妈有一块面包，她对自己的儿子说："亨利！你帮我分一下面包，但是你一定要依照基督徒的方式分配。"

亨利说："什么是按基督徒的方式分配呢？"

妈妈解释道："哦！你要把面包分成大小两片，你一定要把大片的面包给你的姐姐安娜，把小片的面包留给你自己吃。"

聪明的亨利听了妈妈的话，就对妈妈说："哦！这样的话，就让安娜按照基督徒的方式来分面包好了。"

或许，你还需要一些理念的帮助。现在，假设我们将一堆苹果分成三份，一份苹果给其中一个孩子，然后把另一份苹果给第二个孩子，最后，再把第三份苹果给第三个孩子。

可以说，我们已经学会了如何计算数字，我们会先算出整堆苹果的个数，比如，整堆苹果一共是18个。

接下来呢，我们再算每一个孩子应该分到几个苹果，假如第一个孩子分到5个，第二个孩子分到4个，那么第三个孩子呢？答案是9个。因而，一定要先从整体开始计算，确切地说是从一整堆苹果开始计算，再把它们分成三部分。

通常，很多老师都这样教算术：你先有5个，然后再有5个，再有8个；一起算你就得到18个。这样一个个地由零碎算到总和，只能让孩子学一些呆板的概念。用这种方式教学，是无法让孩子学到生动的概念的。而由总体的东西开始教学，从18个开始教学，然后再将它分成被加数，这才是最正确的加法教学方式。

可以说，在教学时，你千万不能从单一的被加数开始教学，一定要从总和开始，而所谓的总和就是前面所提及的整体，然后，再把它分成各个被加数。

之后呢，你可以让他们看见：这个总和可因用到不同的被加数，而有不同的分配法，但是这个总和的数字，是永远不变的，这样教加法，其顺序不是由被加数开始而得到总和，而是由总和开始，再一步步地算出被加数，从而能让孩子掌握生动鲜活的概念。

一般来说，当我们只纯粹地讲一个数的时候，其整体是不变的，而各个被加数则可以有所变化。可以说，这个数的特性，其实就是由不同的被加数组合而成的。

用这种教学方法，也可以让孩子们了解那些包含了数字，却并非纯数字的事物。现在，我们以人为例。一般来说，人有躯干、头、两只手

第5讲 （1924年8月16日）

臂和手等等。可你不能将人的身体分割，因为人生下来就是一个整体，他是非常自然地长成这个样子的。假如他不是这种样子时，只是用纯粹的数字计算时，就可以用不同的方式来分割。

幽默式的教学

运用这种教学方法，可以将与生命、活力有关的知识融入你的教学中。在教学时，会有良好的气氛。在这里，我们所说的幽默，并不是那种玩笑式的幽默，而是非常积极健康的幽默。

可以说，在教学中，老师一定要有幽默的表现。作为老师，当你教授数字时，一定要以整体的数字开始教学。特别是在生活中，当你遇到以下的情况时：

玛莉的妈妈让玛莉去买苹果。卖苹果的农妇在一张纸上写下了玛莉买苹果的数目是25个。

可回到家时，玛莉只剩10个苹果。

那15个苹果哪里去了？是不是玛莉吃了？事实上，玛莉是一个诚实的孩子，她并没吃苹果，可为什么她回家时只带回来10个苹果？

此时，有个人来了，他也是一个诚实的人，他带来了她丢在路上的所有苹果。

现在，问题就是：这个人带来几个苹果？按理说，玛莉原有25个苹果，她带回来10个苹果，那么，她应该掉了15个苹果。

现在，你看到了，苹果的总和早就在那儿了。

其实，如果按传统的教学方法，是你有一些苹果，然后从中取走一些，于是剩下一些。但在现实生活中，通常是这样的：你知道你原来一共有多少个苹果，然后知道你剩下多少个苹果，于是，你就能算出到底是少了多少个苹果。

可以说，由减数和被减数开始，再算出差，是一种固定而死板的过程。但如果你由被减数及差开始，再找出减数，这样就是比较生动的减法教学方式了。

事实上，从这个故事中，你很容易弄明白：这种教学方法是怎么一回事。

而当你看见玛莉那丢失了的苹果（减数），这个差额是由那个带了多少个苹果的人来补足，你就能感受到数字的生动与鲜活，能感受到一种与众不同的教学方式。

倘若你的教学方法总是说总共剩下多少而已，这样儿童感受到的只是一种死气沉沉的教学方式。

作为一名老师，你一定要不断思考，自己如何教学，才能让课堂中充满生机而不是死气沉沉的气氛。

第5讲 （1924年8月16日）

在这里，我再举个教学的例子，勾股定理可以说是几何教学的巅峰。

所谓勾股定理，就是指一个直角三角形的斜边之平方是另外两个直边平方的和。

有一位老人，非常喜欢几何学。我曾经当过她的老师。那时，她可能把之前在学校中所学的几何学全忘记了。也有可能，在她年轻时，在那些"专门教年轻女士"的学校中，并没学到多少知识。在我看来，她对几何完全是门外汉。我从头开始教她，一步一步地，最终，教她学会了勾股定理。她对这个定理感觉十分惊讶。

事实上，很多人都非常熟悉它，因而，就不会感觉它有什么稀奇。

一般来说，我们只需了解，一个直角三角形斜边上的正方形面积就是另外两边上的正方形面积的和。

打个比方，如果我先用三块地种马铃薯，每株马铃薯之间的间隔一样，那么，在这块大地上所种的马铃薯数目，会等于另外两块小地上所种的数目的总和。可以说，这是一个非常让人吃惊的事情，而当你看到这样神奇的一个定理时，你可能感觉惊讶，却无法了解它到底是怎么演变出来的。

可以说，这就是这个定理最奇特的地方，也是你要记住的重点，它能将教学带入我们灵魂的深处。

能证明这个定理的方法有很多，而最好的方法是，这个证明法一定能用肉眼看得清楚，看得明白，眼见为实。

如果你所用的，就是用一块区域重叠于另一块区域的方式，你就会感慨"原来如此"。倘若你剪下了重复的部分，而不是画出重复的部分，你会发现，这很容易了解。

可无论如何，你总是无法将它牢记在心里，所以你得一再地温习。这是件非常值得做的事。每天，你必须温习它，才能更熟悉它一些。这便是伟大的勾股定理的特质。如此，你便将勾股定理融入了生命。

如果你让学生不断地温习，他们就能慢慢地掌握这个定理。没有一个学生能第一次就听懂你讲的内容。更多的时候，他们每听一次，都要好好想一想，可以说，这是与勾股定理的内在本性相适应的。

如果用一种枯燥死板的方式来证明，来让他们了解这个定理，是没有什么好的收效的。通常，他们总是会很快地忘记，总是需要不断地更新记忆，其实，这才是好的方法，这是来自勾股定理的奇特本性。

当你教十一二岁的孩子学习几何时，你可以先教他们其他几何知识，然后再慢慢地教他们勾股定理。

当然，你可以用比较法，比如，用比较几个正方形大小的方法来教

第5讲 （1924年8月16日）

他们。

一般来说，当他们对此有所了解时，他们就能体会到其中的快乐，他们便会迫切地希望再做一次，特别是你让他们用剪贴法来做的话，有可能会有几个聪明好学的孩子记得特别好，甚至每次都能做正确。

要注意的是，大多数孩子都会剪错，总是要重新想一下，才知道怎么做才对。这正是勾股定理的神奇之处。因而，你不要担心孩子总是失误。

在教乘法时，你可以这样对孩子说："现在我们有这个总数，也就是乘积。我们如何算出在这个乘积中有几个数？"

如果你有这种想法，就要想想你这样说是有多死板。不如想想把一群人分开，这儿先有3个，再有3个，这样继续下去，然后你再问："我们总共乘了几个3？"这就是死气沉沉的教学方法，一点也不生动。

倘若在教学中，你运用的是另一种方法，是先整体计算，然后再问他们，某一堆东西可以被分为几个部分，这样，你的教学就比较生动了。

当然，你还可以向孩子们这样说："你看，这中间有好几个你。"

接下来，你再引导他们这样计算："45有几个5呢？"

在此，你要考虑整体，而不是零散的数字。在这里面有几个5？然后，就可以找出9个5。

于是，当你用这种教法，由整体开始，也就是由乘数开始，再找出某个因子，在其中到底发生了几次，这样你就将生命带入了算术的方法中。最重要的是你用了儿童能看到、可以理解的物体。最重要的是，在教学时，要多考虑如何不让思维与眼睛所见的物体分离，不然，就会让智识性（Intellectualism）与抽象性（Abstraction）过早地影响儿童的生活，从而不利于他们的成长。

在此，我想重申的是，一个人到了老年时，其肢体是否灵活，能否有技巧，关键在于是否能长期使用之前提及的算术教学方法。

作为老师，一定要教孩子用身体来算数，如果能让孩子们习惯于用自己的手指与脚趾（而不是用算盘）计算20以内的数字，是蛮不错的。

如果你这样教他们，在这种有点孩子气的"冥想"（Meditation）的陶冶下，孩子的生活就会变得有灵性。

而当你用手指或脚趾计算时，你肯定想到用你的手指与脚趾，这就是一种冥想，一种健康的、有利于人身体发展的冥想。如果长时间坚持这样做，就会让一个人到老仍然能有灵活的肢体。

可以说，如果一个人只用大脑来思考，而不用肢体与其他的器官组织，长时间如此的话，那么，他的肢体就会失去灵活性，痛风就与之俱来。

第 5 讲 （1924 年 8 月 16 日）

所谓的教学原则，就是教学及教育工作中使用的方法，这一定要从我们能看见的物体中衍生（而不是从今日那种所谓的"实物教学课"中衍生）。

第6讲
（1924年8月18日）

在换牙期至青春期，孩子的身体会发生特别大的变化。儿童的身体就如同内在的艺术家、雕塑师、模型师，他们的生命本身有一种内在的鼓舞与渴望。作为老师，你一定要了解他们，了解儿童喜欢用哪些可塑性强的材料以及颜料来雕塑或绘画，喜欢音乐还是跳舞，这样，你就能够给他们正确的指导。

第 6 讲　（1924 年 8 月 18 日）

接下来，我们还是讲一些教学方法。由于时间的原因，我只能讲一些与教学有关的原则。

当你在这里学习了一些知识后，你应该能深入地了解儿童在换牙期至青春期间的一些情况。

儿童在换牙前所遗传的某些特性，具有非常强大的力量。在换牙时，他们由父母身上所继承的"模型"就全被丢弃了。在生命中，他们用7年时间长成的第一个身体，慢慢地被另一个新的身体所取代。

不过，换牙仅仅是完成这个替换身体的外在体现，最重要的是，此时，这个新身体的灵魂与灵性开始影响他自身。

在换牙期至青春期这段时间，如果灵魂的本性强大，那么，这个新的身体就会发生特别大的变化。反之呢，如果灵魂的本性比较弱小，那么，这个新的身体就不会发生太大的变化。因而，在孩子上学期间，由孩子祖父及父母身上所遗传的，与他们相似的东西，依然影响着他们。

绘画或雕塑的教学

可以说，在换牙时，儿童的独立活动就已经开始了。在前7年中，儿童生命中的独立活动，主要体现于建立第二个身体。所以，在前7年，儿童的身体就如同内在的艺术家、雕塑师、模型师。

在第七年或换牙时，儿童才能自生命体作用于身体的模型力中，自行地挣脱出来，从而变得更为自由。此时，它就能变为灵魂的一种活动。

正是因为这个原因，儿童总有一种想动手画图形或画画的欲望。

可以说，在前7年中，内在的生命体一直在做画画的工作。现在，它对身体已经没什么作用了，因而，它就想在身体之外做一些活动了。

作为老师，你一定要了解与人体及器官的形状有关的知识，并且也要了解儿童喜欢用哪些可塑性强的材料以及颜料来雕塑或绘画，这样，你就能够给他们正确的指导。

第6讲 （1924年8月18日）

可以说，老师试着做一些塑像是非常重要的，也是非常必要的。然而现代的老师，都没有接受过这样的教育与训练。

当你试着雕塑物品时，你就会发现，不管你掌握了多少与肺或肝有关的资料，不管你掌握了多少与人体系统有关的知识，都不如用黏土雕塑这些器官，这更易让你对人体器官有直观的认识。

最重要的是，在用蜡或黏土雕塑这些器官时，你能对器官有一种全新的认识。

在雕塑肺这个器官时，你会发现雕塑左肺叶与右肺叶是一点也不一样的，两肺叶不是对称的。其中的一叶分为两部分。另一叶呢，则分为三部分。

或许，以前，你总是记不清哪一个是左肺叶，哪一个是右肺叶。而当你用塑材塑成这些不对称的器官时，你就不会再搞错了。这就如同你不会搞错人的心是在身体的左边还是右边一样。

最奇妙的是，自此后，你也能感觉到，肺的形状及其所在的位置，是那么的恰如其分。

倘若你雕塑动物的肺，你会看到或通过触摸的方式，感觉到动物的肺是横躺着的。对其他的器官，通过眼睛看或触摸的方式，你都会有奇妙的感受。

你可以通过雕塑器官这种方式，来学习解剖学。

通过这种方式，在教孩子们画画或雕塑时，能避免让孩子对人类身体的某些相貌或形状进行表面上的写意。

在让孩子雕塑器官时，你会发现，孩子也有想塑造人体内脏的倾向。或许，在这些课程中，你有意想不到的收获。

我们的学校中，特别是在四、五、六及七年级中，都设有生理学课程。显然，这是华德福学校整体教育的一部分。

通常，孩子们一入校，就开始上绘画课，到了一定年龄后，就可以上雕塑课。在教学时，你要让孩子们自由雕塑。当你向他们说明了人类某一器官的构造后，比如，肺的构造，孩子们就开始动手塑造这些形状。当你看到孩子们雕塑自己的身体及器官，会感觉这是非常有趣的一件事。

作为老师，你要想用雕塑教学，就要掌握好的方法，找到好的工具，这是最根本的一个要求。在雕塑教学中，你可以用蜡、用黏土塑像，甚至用泥巴作为材料，这是孩子们常用的东西，也是很好的雕塑材料。

可以说，这是生命本身的一种内在的鼓舞与渴望，是渴望雕塑与绘画的力量在鼓舞着孩子，因而，你要好好引导孩子的这种对雕塑与绘画的渴望。让他们由此开始，对生理学产生兴趣。这样，你的教学就是在对人类本质与真知的基础上所衍生出来的。

第 6 讲 （1924 年 8 月 18 日）

音乐与乐器的教学

现在，让我们继续再往下讲。

可以说，人类并不是只有身体和生命体，除此之外，人类还有星芒体和自我意识体。（此处提到的理论是尚无科学证明的猜测。——编者注）

在儿童7至14岁之间，他的星芒体是什么样的呢？

一般来说，直到青春期之前，它都没有全部发挥作用。只有进入了青春期，它才会活跃于人类的官能组织内，并发挥一定的作用。

通常，生命体由身体中被慢慢地释放出来，并且变得独立，是在7岁到14岁这个年龄段。此时，星芒体则像是被慢慢地融入身体之内。而当它全部被融入，当它紧紧地和生命体连接在一起时，就体现出这两者的本性。此时，孩子就进入了青春期。换言之，是进入了性功能的成熟期。

在一些男孩子身上，你可以发现，其声音有所改变，因为星芒体已经进入了他的声带内；在一些女孩子身上，一些器官发生了很大的变化，比如，女孩子的胸部有很大的变化等，这也是因为星芒体已经完全融入身体。可以说，星芒体是从很多方面与身体慢慢地融合的。（现代科学已证明，性征与激素分泌有关。——编者注）

在进入人的身体时，星芒体是由外沿着身体的神经纤维进入的，之后，慢慢地填满全身。确切地说，它是由皮肤慢慢进入体内融合，在此之前呢，它如一团松松的云状体，缠绕于孩子身上。

接下来，它会与所有的器官慢慢地、紧紧地融合在一起。这就像是用一种化学的方式与身体、与生命体的官能组织融为一体。

奇怪的是，当星芒体自身体外进入身体内后，它沿着身体不同部位的神经前行，最终，在脊髓处汇合。而在他的上面是头部，它也慢慢地进入头部的神经，沿着神经向身体中部的器官，向着脊髓，一点点地慢慢进入头部，并占据整个头部。

这是一个比较系统的连接过程，在这个过程中，我们要考虑的重点是，人类的呼吸是如何与整个神经系统互相联系，并相互协调工作的。

人类有一个非常特别的功能，那就是呼吸系统与神经系统的共同工作。作为教育工作者，你必须对这种情况有非常详细的了解，才能用正确的方法教育孩子。

空气由呼吸系统进入身体，分布于身体的不同部位，然后向上进入脊髓，于头脑部分四处分散，分散于每一根神经，然后向下找到出口，以二氧化碳的形态排出，可见，呼吸系统就是不断地吸入空气，空气会向上进行自我分流至脊髓，再分流，变成了二氧化碳，最终被呼出体外。

第6讲 （1924年8月18日）

可以说，只有在小学时，也就是换牙期至青春期，星芒体才有与整个呼吸系统协作运转的情形。此时，它沿着神经纤维进入体内。因而，在此期间，当星芒体依靠呼吸系统的帮助，慢慢地发现进入身体的路线时，它就如同是在弹奏着一件乐器，而这个乐器中间（脊髓）有许多弦穿过。（以上假说毫无科学根据，现在的生物科学已揭示了呼吸作用、神经传导等生理作用。读者可了解当时的假说，但需明辨是非。——编者注）

事实上，我们的神经，就像七弦琴，像一种内在的，向上回响至头内部的乐器。

在换牙前，这个过程就已经开始了，那时，星芒体与身体的连接不是那么紧密，而在换牙期至青春期期间，星芒体才真正地开始凭借呼吸来弹奏着每一根神经纤维。

此时，倘若你多让孩子们唱歌，就有利于他们的成长！可以说，当孩子唱歌时，他们本身就如同一件乐器。

而当你站在教室内，当你站在孩子面前，教他们唱歌时，你一定会有幸福的感觉！每一个孩子都如同一件乐器，从他们的歌声中，我们会感受到一种幸福。

事实上，当呼吸以一种特殊的方式流动时，就会产生声音。这是一种内在的音乐。

在儿童的前7年中，他们是用模仿的方式来学习一切的。此时呢，孩子们就应该学习用唱歌的方式，来表现他们在制作旋律与韵律上的天分，来表现他们从中体会到的愉悦与欢喜。

当你站在孩子面前上歌唱课时，应该保持什么样的心情呢？

或许，很多人都见过母牛吃完草躺在草原上消化食物的情形。可以说，在消化的过程中，母牛们的表现非常伟大。

通常，当母牛消化食物时，那些消化后的营养物质，就会进入血管及淋巴管。在整个的消化以及营养吸取的过程中，母牛会有一种非常幸福的感受。为此，在消化过程中，每一只母牛脸上，都流露着一种非常美丽的光彩。

可以说，这是世界上最美丽的风景：一群母牛躺在草原上消化食物。而从这个消化过程中，我们能了解全世界。而在这一方面，我们人类则早已进入了潜意识中，所以，大脑才能够将身体所做的事反映出来，我们能看到它们，以知识的方式体现出来。

在这一方面，我们人类要逊色多了，这是由于我们的大脑，不能让我们像母牛们一样，有非常惬意的体验。倘若我们能体会消化的过程，那么，自然会对这个世界有更多的了解。倘若我们像体验知识一样体会这种感受，而不是以隐藏于潜意识内的感受来体会，我们会更快乐。

在这里，我举这个例子，是为了让你明白我讲的是什么意思。这并

第6讲 （1924年8月18日）

不是要暗示，在教学时，我们必须将消化的过程提升到意识的层面。

我只是想告诉你们，在儿童心中，应该有一种更高层次的感受，它就是由内部的声音流动所带来的一种幸福感。现在，让我们想象一下：假如可以感受到小提琴被弹奏时的情形，我们都会一心一意地听小提琴，完全听不见声音来自哪里，只听到了我们的感官所能领悟的影像。如果能够感受到小提琴的每一根弦，是如何与另一根弦一起振荡着，那将是一种非常快乐的感受。

此时，不仅要让孩子好好听那音乐，更要让孩子们体会一下什么是心醉神迷，这样，你才是真正地唤起儿童所有的感官对音乐的感受。当然，你自己也一定非常开心。

要做到这一点，有一个前提，那就是你非常了解音乐，而且有艺术特质。

由于这个原因，在儿童自换牙期至青春期这个年龄段，就必须开始给儿童进行音乐教育，这是非常必要的，也是为了满足儿童的需求。

一开始的时候，不要教孩子任何与音乐有关的理论，而是要让他们体验性地唱一些歌，唱一些相对简单的歌。之后，你就可以让孩子从简单的歌中慢慢学习旋律。

要强调的是，开始时，你一定要让孩子养成唱一些歌的习惯。倘若有可能的话，最好也能让他们弹奏或吹奏一些乐器。

一般来说，我们学校的孩子一进学校时就开始学一些乐器，只要条件许可的话，每个孩子都应该学一种乐器。越早让他们感受到音乐与乐器的重要性越好。

不过，对孩子来说，钢琴这种记忆性乐器可以说是最糟糕的乐器。所以，最好让孩子选择其他的乐器学习，比如，可选择吹奏乐器。

此时，作为老师，你要好好地学习，要好好树立自己的权威。

或许，当孩子刚开始学吹奏乐器时，你会有毛发直竖的感觉。事实上，对孩子来说，这种整体气息的运作，是一件非常美妙的事情。在吹奏时，孩子会感觉自己所有的官能器官都膨胀了。原本在体内运转的官能器官，一时间被带到了外在的世界。

其实，在孩子学小提琴时，也会出现类似的情况。通常，当弹奏及呼吸时，内在的音乐被直接带引出来，此时，孩子就能感受到内在的音乐是如何通过琴弓传入琴弦的。

你一定要记住，你要及早开始给孩子上音乐及歌唱课程，在儿童一入学时就开始教。在教学过程中，要记住，你不只要对你的教育非常艺术化，同时，也要教孩子一些特定的艺术课题：如绘画、塑造及音乐。

第 6 讲 （1924 年 8 月 18 日）

语言的教学

当孩子在9至10岁这个年龄段时，语言的教学就成了教学的重点。因为此时，是孩子学习分辨自己与区别周围环境的时期。在此之前，他们一直认为，自己与环境是融为一体的。为此，我介绍了在孩子入学时我们应该使用的教学法。

不过，在换牙期之前，他们是不该进入学校学习的。

可以说，在换牙期之前，无论用哪一种教学方式去教孩子都是错误的；倘若法律强迫我们执行，我们不得不去做，但这是不科学的。

到了孩子应上学的年纪，就要去上学。在孩子上学后，我们就要用艺术化的教学方式，对孩子进行教育，比如，你要用一个个的图形来教孩子字母的形状。

当然，你也可借所有与自然有关的事物教孩子，而且要用童话、传奇和神话的方式来教育孩子。

不管怎么说，在9至10岁这个时期，语言的教学是非常重要的。

在此之前呢，在教孩子语言时，不能给孩子讲任何文法或语法方面的知识。

可以说，只有当他们学习去分辨自己与环境有何不同之时，他们才能够观察，并了解自己究竟是如何讲话的。此时，你就可以开始给他们讲名词、形容词、动词等知识,在这之前,只需要教孩子讲话就可以了。

华德福学校的教学环境特别好,有利于实现这样的教学方式。通常,孩子一入学,我们就开始让孩子学习母语之外的两种外国语言。孩子上学后,会在上午先学习一段时间的主题课程。接下来,就让孩子学习外语。德国孩子是学习英语和法语。在这些语言课的教学中,我们先试着不要去考虑它们之间的关系。

在儿童9至10岁这个年龄段,在教学时,我们要用文字将语言与所教的知识直接连接起来。在教外语时,不要用文字将两种语言相连接起来,一定要让孩子直接讲外语,我们不要去强调翻译的语言,也就是不要去管英译法或法译德的文字翻译问题,只要让孩子将所说的物体用语言直接说出来,将所讲的物体或事情连接起来就可以了。

我们要用这样的教学方式来让他们学习语言,孩子们暂时不需要知道某一个英文(比如table)的德文是(tabelle),他们只需要在看到桌子时脑海中自动浮现tabelle就好。

通常,孩子们完全不会想到有这样的转换问题,这是由于之前,没有人教他们如何去比较这两种语言。

用这样的教学方式,可以让孩子通过某些物体的称谓,来学习一种语言。换言之,是从对该物体的称谓上学习语言。自然,我们所说的语

第 6 讲 （1924 年 8 月 18 日）

言也包含了一些声音，这些声音的作用有两种，其一是表达灵魂内在的感受，这就是元音。其二是表达外在的东西，这就是辅音。

作为老师，你一定先体会到这两种语音的差别。在教学时，不要只是把我讲的一些知识机械地传授给儿童。你在讲课时，要让他们切实地体会与他们内在的感受相连的元音，而辅音呢，则是复制外在世界的某些东西。孩子们很自然地学习它们，这种学习可以说是人类本性的一部分，我们要顺其自然，根据孩子的特点引导他们。

现在，让我们看一看，元音 A（啊 Ah）究竟是什么？

通常，当太阳升起时，我站在太阳前赞叹、惊讶：A（啊 Ah）！这里的 A 代表着赞叹、惊异的行为。

再举一个例子，如果有一只苍蝇停在我的额头上；我会说 E（唉 Eh），在这里，E 是表达轰走、远离的声音。

可以说，每一种语言，也包括英文，它们的元音 A 都是在表达惊异，惊讶，赞叹的音。

呵护儿童对语言的感受

人类整个语言是建立于内在的惊叹，惊异，自我防卫，自我宣告等感受的元音基础上，或是由模仿外界现象感受的辅音所组成的。

在教学时，一定要小心呵护儿童的感受，千万不能让他们身上的这种感受消失了。让孩子学习语言的声音时，应该让他们有所感受，并将他们内在的感受与外界物体，以及与自己相关联的东西都联系起来学习。

一般来说，语言中的每一样知识都是自感受中所衍生出来的。在学习"滚动"这个词时，要让孩子好好感受R，O，L，L的形状，对每一个字词的学习，都要用这样艺术化的教学方式去让他们学习。

现代人完全失去了这种感受，他们认为文字就是写出来的东西，或是认为文字就是用来描述抽象的东西。

现在，人们不再通过语言去感受任何事物，说话已经是一种抽象的事情了。

让我们看看：你们所用的英文中，有许多单词的后半部分已经被丢弃了，还有的单词呢，则跳过了真正有感受的发音部分。

不过，我们一定要让孩子沉浸于对这种语言的感受之中。

通过研究一些有特殊感受的字，我们才能好好思考。

比如，"头"用德文说是"kopf"，用英文则叫作"head"，用意大利文则是"testa"。现在，由于人们认为语言间只有抽象的关系，于是，人们会说，在德语中，头是"kopf"，在意大利语中是"testa"，在英语中是"head"。事实上，这些全都不是真实的，没什么意义的。

第 6 讲 （1924 年 8 月 18 日）

现在，让我们想一想，"kopf"它是什么物品？"kopf"是个有形状的物品，是一种圆形的东西。当你在说"kopf"时，其实是表达了某种"形状"。而意大利语中的"testa"这个字是"遗嘱"（testament）和"做证"（testify）的一部分，可以说表达了头所建立或确认的某些事情。此时，你已经表达了不同的意义，你所说的这个器官是建立者，是立遗嘱者。而在英语的语义中，"头"是人类身上最重要的器官，因而，在英语中的"头"，也就是那个最重要的东西，是所有事情所有目标的云集之处。

可以说，不同的语言表达了不一样的物品。尽管英国人和意大利人都会说"头"，但实际上，他们是在讲不一样的东西。

在原始社会的不同的国家与地区，同样的东西都用同样的语言表达。可以说，人类的原始语言都是相同的。

随着人们的不断分离，人们就慢慢开始用不同的语言与方式来表达同样的东西，这就是文字的不同起源。可以说，当你把所表达的不同东西视作一样的东西时，你就不能感受到它们丰富的内涵了。因而，不要让孩子对语言失去应有的感受，这是非常重要的一件事，你要让这种感受活跃于儿童心中，因而，在儿童9至10岁以前这个年龄段，你绝对不要对语言进行分析。

当孩子进入9至10岁这个年龄段时，你就可以教他们与名词、动词和形容词等有关的知识了。之前，你讲的知识，儿童还无法了解，还没有能力理解。这是由于他们还无法分别自身与周围的环境有何区别。

最重要的是，在9至10岁以后这个年龄段，给孩子讲文法，或是比较不同的语言，就能让他们得到如同在唱歌时的收获及感受。

牛在草原上消化食物时，它们的消化器官会产生一种愉悦感。同样的道理，孩子们唱歌时能体会到一种发自内心的喜悦。可以说，语言一定要用心去体会，而不是用头脑去思考。

现在，人们大多都是用大脑去思考语言的。当人们翻译语言时，一定要找一个正确的字来翻译，于是，人们就习惯了用字典。一般来说，字典中的字是按一定顺序排列的，当人们找到"testa"或"kopf"，就会认为这些字的意思是相同的。

实际上，它们还是有区别的，甚至是每一个字都表达一个不同的意义，这只能用感受来表达，在教语言时，你一定要注意到这一点。

音语舞的学习

在华德福学校中，自孩子上第一堂课起，老师就向他们讲述了音语舞，这是一种眼睛可见的语言，人们通过个人或群体身体的活动来展现自我，就像使用语言一样表达自我，换言之，如果老师重视儿童对语言

第6讲 （1924年8月18日）

的感受，一直在呵护，而不是毁掉他们的这种感受，那么，他们就会认为，用音语舞表达语言是非常自然的一件事，孩子也会认为学语言是非常自然的事情。

老师如果想教他们音语舞，应该不会有任何困难，特别是对那些身体健康的想学习的孩子来说。而那些不想跳音语舞的孩子，都有一些毛病。通常，如果他们身体的各个器官都健康的话，他们自然就会想学音语舞，这就像他们小时候想学讲话一样。之所以如此，是由于孩子会有一种很强的动力，想要让体内的意志力活动来表达他们的内心。

我们可以自幼儿早期的笑与哭等表达不同感情的面部表情中看到这一点。

或许，狗或其他动物也会笑，它们绝不会如同人一样笑，也不会如同人一样哭。动物们是用姿势与动作来表达内心的体验。在这一点上确实与人类不一样。

可以说，学习音语舞与学习语言一样，是有一定法则的。语言并不是随便讲的事情，比如，"water"（水）这个词，你不能将它随意说成"vunter"。

语言的学习有其法则，音语舞的学习也有它的法则。平时，我们的身体在做一些动作时，可以说是自由发挥的，许多动作是直觉的反应，比如：当一个人在思考一些事情时，他就会将手指放在前额上；当一个人不想认可某事是真的时，可能就会摇手、摇头，就好像要把它抹掉一样。

与之不同的是，音语舞则是将外在与内在的体验通过有序的动作表现出来，就如同我们通过声音将内心的体验表现出来。因为这个原因，他们就想学音语舞。

现在的教育中，还没有音语舞的教学，这就意味着没有人想到要将人类潜在的本能发掘出来，而如果你想到了，你自然会教他们学习音语舞。

在这里，要说明的是，不是说我们不要教孩子们体操或体育。而是说，作为一名老师，你一定要了解到它们的不同。现在，我们所教的体育以及各种不同的运动，与音语舞是有很大区别的。如果将这两类课题合并在一起进行教学，一般能配合得很好，因为人们对空间的概念多是抽象的，很多人不认为空间是很实在的存在。

可以说，人们已经习惯性地认为地球是圆的。当一个人在地球这一边跳一下，我们说他是跳"上来"，但当某一个人在地球的另一边跳一下时，我们想象他的脚在上，头在下，他跳"下去"了。其实，这种情况并不是我们能亲身体会的。

我曾读过一本与自然哲学有关的书，在书中，作者用"在地球的另一极，天空一定是在脚下"，来嘲讽"天空一定是在上方"这个观念。

第6讲 （1924年8月18日）

不过，与宇宙有关的知识，要比这个观念丰富得多。

我们不要将自己与空间完全脱离，并且认为空间是抽象的，然后以此为据，就对世界、对空间做一些评判。事实上，某些哲学家就是如此，比如休谟、穆勒和康德。不过，这些没什么实际的意义。

可以说，空间是人类能觉察到的实实在在的东西。每个人都能感受到自己就在我们生活的空间中，并且需要在其中找到属于自己的那一片空间。

当然，我们也想要在空间中保持平衡，并能在不同的状态找到自己的立足之地。可以说，这就是体育与运动的起源，这些活动就是人类在不断尝试着发现个人与空间的关系。

平时，倘若你将手臂伸展开来，你会有将两只手臂伸展到一个水平方向的感受。倘若你跳一下，你就会感受到自己在努力地将身体向上移动。这些可以说都是体操运动。

不过，倘若你是在用一种内在的感受做出反应，你就能做类似的动作。通常，人内在的灵魂本质会通过动作表现出来，一个人的自我也可以这样表现出来，这就是跳音语舞时所产生的反应，即展现了内在的自我。

可以说，音语舞表达了人的内心世界，表现了人类对呼吸和血液循环的体验。而在做体操及运动时，人们就如同是充满了各种形状的线条的架构，在感受着空间。在空间里，我们或跳跃，或随意而行。通常，当我们的肢体在活动时，我们身体中所有的器官也随着一起行动。当我们爬上一个楼梯或者是拉着一条绳子向上爬时，我们是沿着外在的空间活动。这就是体育与音语舞的区别。

音语舞让灵魂的生命释放出来，所以，它能真正表达一个人的内心世界。音语舞是一种可以看得见的语言。

可以说，体操与运动是人类外在空间的一种活动方式。人们想适应这个世界，想看看是否可以用这样或是那样的方式来适应这个世界，它们就是运动，而不是语言。体操与运动不能体现人类内在的生命，而是要求对人类有一定的作用，从而让人类能找到适应它的方式。我们一定要重视这种差异。

在要求孩子做体操时，体操老师要明白的是，孩子是在适应外在的世界，这表达了它的本质。

与之相反的是，音语舞表达人类的内在本性。在教学时，我们一定要感受到这一点。

第7讲
(1924年8月19日)

在换牙期至青春期,如果想教儿童学习物理、矿物及化学等现象的知识,要自真正的生命开始向他们介绍。无论何时,我们都要让孩子从模仿生命开始学习,即使是让孩子学做游戏,也要如此。老师的职责是让孩子了解实际生活,要尝试着让孩子去学习如何做一个实际而实在的劳动者。

第 7 讲 （1924 年 8 月 19 日）

了解儿童成长的三大阶段

由换牙期至青春期这个年龄的儿童，其成长又可以分为三个阶段。在此期间，一定要引导孩子健康地成长与生活，让他们度过快乐的校园生活时光。老师们一定要记住这一点。

在此期间，是孩子开始分辨自己与周遭环境的区别的时期，此时，他们要学习区分他们自己（主体）与其他一切事物（客体）的区别。

而在此以前，在教学时，老师要用"整体性的特质的方式"来教孩子们，这是非常有必要的。

关于如何进行艺术化的教学，我在前面已经讲过了。

在接下来的第二阶段，我们通过介绍动植物的生活，来让孩子了解外在世界。这是一个非常重要的转换期。此时，你可以向他们介绍一些基本的知识，直到他们12岁为止。

由12岁到青春期为第三阶段，只有在这个年龄段，我们才可以向他们讲一些无生命本质的事物，只有此时，孩子才能真正开始了解没有生命的世界。

可以说，在儿童由7岁到9岁这个阶段，都是打心眼里去接受一切新鲜事物的。对于任何事物，他们都是用心去感受的。树木、星星、云朵、石头……每一样事物，都是由儿童的心灵所吸收。

儿童在9岁到11岁这个年龄段，他们已经可以感受到自己灵魂的特质与"活的东西"之间的区别。

此时，我们就可以对他们说："整个地球是活的。"这样，他们就知道有"灵魂"的特质与"活着"的特质。

当儿童在11岁到14岁这个年龄段时，孩子已能分清楚什么是属于心灵的，什么是属于"生的（活着的）"，什么是属于"死的"。换言之，什么样的事物是按着它固有的模式与发展规律而存在的。

在孩子们12岁以前，我们不要给他们讲述没生命的东西，如果想给他们讲讲矿物、物理现象、化学现象等知识，那么，就要等到他们12岁以后。

第 7 讲 （1924 年 8 月 19 日）

我们一定要了解的事实真相是：在儿童换牙期至青春期这个年龄段，他体内活跃的主要是想象力而非智识力。所以，我一再地强调，我们一定要培养他们的想象力。如果在他们很小的时候，就将很多的知识传授给他们，就无法与他们的发展能力相适应，甚至会影响他们的身体健康。

现在，在这个物质化的时代，人们身体的许多疾病，其实都是在儿童换牙期至青春期这个年龄段，太注重让他们学习知识所造成的结果。

将世间万物与生命联系在一起

儿童快到12岁时，我们才能一点点地向他们介绍那个没有生机的世界，因为无生机的世界要靠知识才能去理解。

此时，我们可以向他们介绍矿物、物理及化学现象等。但是要注意的是，我们应该尽量地将这些事物与生命联系在一起。比如，给他们讲矿物知识时，不要从矿物知识开始讲，而要先从地球，或者从土地开始讲，先给他们描述山脉，向他们说明地球是由山脉组成的；然后再讲山脚下有土壤，越向上走，山上越荒凉，树木也越来越少。而荒凉的山上，就有可能有矿物质了。其实，这是由山开始，慢慢将孩子们引到矿物的知识上。

在给他们清晰地描述了山后，我们就可以拿某个矿物给孩子看，然后对他们这样说：假如你沿着这条路上山，就可以发现这个矿物，换言之，这个矿物是在山上发现的。

当你用这样的方式介绍了几种矿物后，你就可以开始讲述矿物本身的特点。但你一定要用前面所提到的那种方法给孩子讲。在这里，我们再次强调的原则是，给孩子讲有关的知识，一定要从整体开始讲，不要从一些零碎的东西开始。这是非常有必要的。

在给孩子讲物理知识时，一定要从生命开始讲，这也是非常重要的一个原则。更要注意的是，你不要用大家都用的物理教科书教他们。你要用吸引孩子的独特的方式教学，比如，在教学时，可以点燃一根火柴，让孩子观察它是如何开始燃烧的。

你一定要让他们注意到所有相关的细节，比如，火焰是什么样的，其外缘、内部是什么样的。当你将火焰吹灭时，在火柴棒上会留下一个黑点或黑头；当你向孩子演示完后，你再慢慢解释火的产生原因，即火是由于高温所产生的。这样，你就可以将很多事物与生命联系在一起。

我们再以杠杆作为例子，要注意的是，不要用一般物理书上那样的教学方法，一开始时就给他们讲：杠杆有一个支撑杆，其中的一边有一种力量，另一端也有一种力量。

最好的方法是自一杆秤开始讲起，要让他们想象自己正在一个店里

第 7 讲　(1924 年 8 月 19 日)

称东西。之后，再给他们讲平衡与均衡的状态。接下来，就可以给他们讲与重量、重力相关的概念，它们都是由生命中衍生出来的物理或化学现象。

在给他们讲物理及矿物界的不同现象时，要以真正的生命为起点。千万不能自抽象的东西开始讲起，不然，就会在孩子们身上产生很奇怪的现象。最重要的是，这样上课，会让他们感觉很累。反之呢，你自真实的生命开始讲起，孩子们就不会有这种感觉。

事实上，不要让孩子感觉学习累是教学的黄金定律。现在，一些实验心理学家将所有让孩子感觉疲劳的心智活动记录下来，然后，根据这些数据来决定不同主题的授课时间，以避免孩子们因课程安排不当而产生过度的疲劳。

这个理念彻头彻尾地是错的。在我的书中，特别是在"灵魂之谜"（Riddles of the Soul）及其他讲座课程中，你可以看到事实的真相。

现在，我要强调的是，人类由三大系统组成，它们是神经感知系统、韵律官能系统、新陈代谢肢体系统，其中，神经感知系统是维持人类心智及灵性活动的系统；韵律官能系统包含呼吸韵律及血液循环等系统；新陈代谢肢体系统是负责各种物质向体内转换的系统。（现代生物、医学将人体分为：运动、消化、呼吸、泌尿、生殖、内分泌、免疫、神经、循环等九大系统。——编者注）

通过儿童由出生到换牙期的身体发展，我们不难发现，人的身体，特别是头部组织，是由神经系统在运作。无疑，在童年的第一个时期，即头部与神经系统发挥主要作用时，不要去启发儿童的智力。

可以说，在生命的早期阶段，儿童的身体是自头部向下发展的。你一定要认真去观察这一点。一定要先看一看人类的胚胎，一个尚未出生的孩子是什么样子的。

通常，人类胚胎的头很大，身体的其他部分还没成形。当孩子出生后，其头部依然明显大于身体其他部分，而且是身体中最强壮的一部分。于是，儿童整个身体的成长，就从头部开始了。

而在7岁至14岁这个年龄段，他就不是这样的了，他的肢体开始发育。

发挥儿童韵律系统的作用

在换牙期至青春期，人类的身体成长主要是以韵律系统发展为主，比如，呼吸的韵律、血流的韵律等。

不过，什么是韵律的本性呢？

在生活中，很多人会遇到这样的情况：如果你想的事情太多，特别是如果你总是在读书、工作，你的大脑就会感觉到累；如果你必须走很

第 7 讲 （1924 年 8 月 19 日）

远的路，这是肢体组织的运动，走路太远了，你的肢体也会感觉累。这是你的神经感知系统和代谢肢体系统感到了疲惫，但是韵律系统永远不会累。

你只要想想：你整天都在呼吸，心脏也整天都在跳，它自生到死都不能停，它的韵律随时都在运转，不能累也永远都不会累。

在儿童的年龄段，你要针对当前这一对儿童影响最大的系统，来制订、实施教学计划与方式。因而，在儿童换牙期至青春期，你一定要用图像来教学，这是针对儿童的韵律系统来教学的。

在教学中，你所做的，所描述的每一件事都必须要与韵律系统紧紧地联系在一起。只要是艺术性韵律性的教学，都要尽量去做。用这种方式教学，时间再长，儿童也绝不会感觉累，因为你是与韵律系统做交流，而不是与头部做交流。

现在这个时代比较物质化，人们也很聪明，于是，他们就让儿童在课余时间进行玩耍。让他们玩耍一下，让他们说说笑笑，自然是好的。之所以说这样做比较好，是由于这是他们心灵的本性，是他们内在的欢愉的体现。

然而事实上，我们已从实验中得出这样的结论：如果你在上课时间，用适当的方法教孩子，那么，再让他们在外面玩一会，会比上课还要累。

通常，肢体的活动会让人们感觉到累。而通过韵律系统去学习，儿童不易感到疲惫，所以，当实验心理学家来观察孩子们到底有多累时，他们会看到什么样的情景呢？如果你教得好，他们会一点也看不到孩子疲劳。

你教小学阶段的儿童时，就必须要注意，只发挥他们韵律系统的作用与功能。要知道，只发挥韵律系统的功能永远不会让他们感觉到累。

对这个韵律系统的使用，我们不需要传授知识性的教学方法，而是要借助想象而产生的一种图像的教学方法。所以，在我们的学校中，用想象力主导一切是非常重要的。

在儿童的最后一个阶段，即11至13岁这段时期，我们也要用这样的教学方法。

此时，你还是要通过想象让无生命的事物变得具体而生动，要将它们与真正的生命联系起来。将物理现象与真实的事物互相联系是有可能的，不过，我们一定要有丰富的想象力才能做到这一点。尽管困难，但这是非常有必要的。

在现实生活基础上的教学原则

一般来说，孩子们写作时所需要的想象力，应该是至高无上的，应

第7讲 （1924年8月19日）

该是写作的源泉。当孩子在写东西时，你一定要避免让他们写你曾经与他们谈论过的主题。可以说，这是一条重要的指导原则。

不管你是老师，还是比较有权威的教育专家，在写作之前，你都应该先向孩子们介绍一下作文的主题，然后，再让孩子们在你的启示下写一篇文章。

即使孩子已快到青春期的年龄了，你也不要放弃这个教学原则。此时，不应该让孩子们随心所欲地写他们能想到的东西，你要先与孩子讨论某个主题，当他们感觉到心中产生了一种"气氛"后，就可以开始写文章了，而且他们所写的文章都必须有这种"气氛"。

在这里，我们要再强调一下这个指导原则：写作一定要有"生命活力"。老师一定要将这种"生命活力"传递到儿童的心中。

在教育孩子时，你所教的一切知识，都必须源自于真实的生活中。在现代这个社会中，我们经常听到人们这样说，课程的设置一定要用灵活的方式，要根据真实的生命来教学。这就要求我们，首先要了解什么才是最真实的生命。

现在，讲一个我亲身经历的事情来说明一下这个问题，有时候人们虽然有最好的教育原则，但在具体教学实践时，依然会出现差错。

有一天，我走进了一间教室。当时，一个老师正在教孩子们学习算术。事实上，这本来是要将加法与真实生命联系在一起的。

当时，讲课的老师这样告诉孩子们：有一个人生于1895年3月25日，另一个人呢，则生于1897年8月27日，第三个人呢，则是生于1899年12月3日，这些人总共有几岁？

可以说，整个问题就是这个样子，总和是很严谨的，是用以下的方法计算的：由1895至1924年（上课这天），这是第一个人的年龄。第二个人至1924年是多少岁，第三人由1899年12月3日到今天，也可以算是25岁，于是，老师就告诉孩子把这些人的年龄加起来，就知道他们总共有多少岁了。

不过，我亲爱的朋友，我想问一问：怎么可能用他们的年龄去算出一个总和？这是怎么具体地计算出来的？

自然，用这些数字可以算出一个总和，但是，在真实的生活中，你如何找出这种总和？可以说，这些人都活在同一时代，因而，他们的年岁不可能相加。这样的一个总和与现实生活完全无关。

后来，有人说在一本教科书中有这个案例。我就看了一下这本书，结果我发现在这本书中，还有很多类似这样不良的案例。

事实上，在生活中，我发现很多地方，都有这样的案例，并造成了一定的影响。可以说，在学校中，我们所教的知识，会影响到儿童的生活。倘若学校老师教的东西是错误的，在算术的教学中，用了一些与生活无关的不现实的例子，那么，这种计算与思考方式，就会被他们学习

第7讲 (1924年8月19日)

到，并在将来的生活中加以应用。

不知道在英国是否如此，但据我了解，在整个中欧国家，假如有几个罪犯同时被定罪，你会在报上看到这样的新闻：这5个罪犯总共被判监狱服刑X年，其中一个10年，另一个20年等。奇怪的是，这些数字全都被加起来，而且你经常会看到这一类的报道。我想知道的是，在现实生活中，这种被累加起来的总和，到底有何意义！

事实上，对每一个被判刑的囚犯来说，75这个数字是没有一点意义的，因而，这种教学方式也是不现实的。

我们的教学重点，就是要让我们所教的每一件事，在教学中所使用的每一个案例，都与现实生活中的相关事物有直接的关联。当你最终计算出一个在现实生活中根本不可能出现的总和时，你就等于是在毒害这个孩子。

作为老师，你一定要引导孩子去思考那些有现实作用的事情。通过这样的教学方式，就能将事物的真相带回生命之中。

可以说，在当今这个时代，人们都饱尝了没从现实生活出发而思考的苦果，因而，老师们一定要很小心地去考虑这件事。

有一个理论，虽然它是由很聪明的人论证出来的，可事实上，它只是一种教育下的产物，这个理论叫作相对论。我希望你听到的大部分理论是正确的，但有些已经被人们扭曲了。

现在，让我们想象某个地方有一门在发射的大炮。按这个理论，如果你在几英里①之外，经过一段时间，你会听到炮声。如果你并不是站在一个地方不动，而是向着炮声来源的相反方向运动，你会经过更长一些的时间才听到炮声。可以说，你离得越远，就会经过越长的时间才能听到炮声。反之呢，如果你是离炮声的来源近一些，你便会更快地听到炮声。

如果依此类推的话，你有可能会形成这样的一个不现实的观念：如果你走得比声音还快，那么，你有可能在大炮发射以前，就听到它的声音！（斯坦纳此处的观点绝对错误。这个问题可简化为数学上的相遇问题，如果人在大炮发射的同时出发，就会在人的起始位置到大炮之间的某一点听到炮声；如果人早于大炮发射时出发并到达大炮所在位置，也只能在大炮发射同时听到炮声。——编者注）

可以说，如果某一个理论不是源自于现实生活，通常就会这样产生。

而一个能在现实的基础上去想象的人，有时候一定会感觉痛苦。例如，你可以在爱因斯坦的书中看到，人们如何将一只表以光速送往宇宙，然后，再将它送回来。说实话，我真的好想看看这样一只真正的表，以光速呼呼地飞出去再飞回来。在它飞回来后，我真想知道这只表

---

① 1英里＝1 609.344米。

第 7 讲（1924 年 8 月 19 日）

会变成什么样子！（研究相对论需要高学力的数学与物理思维，并且在 1924 年，相对论还没有完全被实验证实，斯坦纳不接受这一理论情有可原。而今天，相对论的猜想已完全被实验证实，相对论已成为现代科学的重要支柱。——编者注）

因而最重要的一点就是：在我们思考时，绝对不要脱离现实，而是要以现实为基础。

现在的教育中，有许多不良的隐患，比如，你所看到的所谓的"示范幼儿园"中，设计了很多让孩子做的活动与工作。

事实上，在现实生活中，我们无须让孩子们做任何不能模仿的活动，即使是让孩子做游戏，也要坚守这个原则。

可以说，所有像福洛依保（FROEBEL 幼儿园教育之创始人）为儿童开设的假工作都不是很好，因而，我们一定要制定并坚守以下原则，即孩子在游戏时，只让孩子们模仿生活中的一些事情，这是非常非常重要的。

正因为这个原因，我们无须给孩子们一些所谓"聪明精巧"的玩具，至于洋娃娃或其他玩具，我们也要尽量留给孩子们想象的空间。这是非常有必要的。

在这里，我恳求你们，一定要将这一点作为教学的准则。换言之，就是教学中，千万不要有与生活无关的内容。自然，当你让孩子去描述某一件事情的时候，如果他们偏离了现实生活，你应该提醒他们一下。

可以说，在现实生活中，绝对不要让知识性超越了想象力。确实，有时人们想象的东西会离现实生活很远，但它的根源则是来自现实生活中，而知性则永远是现实的表面现象。这也是为什么老师在教学中不能脱离现实的原因。

教学的灵魂就是以现实生活为基础。为此，华德福学校定期举行老师会议。每次开会时，所有的老师都会介绍或讨论他们自己的课程，从学生身上学到了什么，老师们也可以互相学习。如果说，一所学校如果没把这种定期的教学会议视为最重要的事情，那么，这个学校就没有真正的活力与生机。

在教学会议中，一个人可以学到很多东西。我们的华德福学校是男女混合班。从中，我们会看到一个明显的区别，这种区别不是指男孩或女孩之间谈论些什么，或是在思想上互相交流些什么，这个不同主要是指班上男女人数比例。

对此，我已经观察了好几年，并且得出了这样的结论：如果班上女生多于男生，就会有明显的区别。

当一个班中女生比男生多时，很快你就会发现，作为老师你会感觉很轻松。这是由于女孩比较爱学习，而且悟性较强。当然，你也会发现其他区别。有意思的是，班上的男生较少时，女孩子的领悟力就增强。

第 7 讲 （1924 年 8 月 19 日）

与此相反的是，当一个班级中女生较少时，她们的领悟力反而减弱。

可以说，很多男生与女生的区别，不仅仅是他们交谈方式不一样，不仅仅是他们之间的相处方式不一样，还有一些更不可思议的地方，或者说，这些区别原本就是不可思议的。

对于老师来说，与孩子有关的所有事情，都要很小心地观察，都要在会议中进行讨论，这样，每一位老师就都有真正的机会来观察每一个学生的特殊之处。

我们的教学目标

不过，在华德福学校中，有一件事是非常困难的，我们必须要认真思考，思考在课堂中经常发生的事，思考我们要如何帮助孩子们取得进步，我们努力地想"解读"出某一年龄段的孩子应该教些什么。而我所讲的一切都是为了实现这个目标。

现在，让我们想一下，如果有一个9到10岁之间的孩子，他所在的班级中，有很多与他同龄的孩子，可在这个班级中，他已经落后大家了，不能跟大家一起升级了，结果，第二年他只能留级。这对他的影响是毁灭性的，会打击他自信心的建立。

在教学中，我们要尽量避免让某一个孩子落后于其他孩子，就算他学业落后，成绩不好，也要让他跟着同班同学一起升级。

自然，这样做要比让他留级重上所有课程麻烦得多，但是我们应该不计代价地这样做。

对于那些落后的孩子来说，最好的补救办法，就是将他们组成一个班，即特殊落后儿童班。让来自不同班级的，成绩不合格，学习成绩差的孩子都进入这一个班。否则的话，我们既不想让孩子留级，又想让他跟着全班一起升级，是不太现实的。

为此，我们也必须要想一想，那些在小学时期结束，成绩不好，没升入初中，在青春期时就得离开学校的孩子，他们因此无法学习我们的高年级课程。

可以说，我们的教学目标，必须是通过我们的教学让孩子们在离开学校时，对世界的认识与生命的本质相统一。

为了达到这个目标，我们可以将科学和历史课程设计为，在孩子们的学业结束时，要让他们对人类，及人类在世界上的地位及角色有一定的认识。

在教学时，老师要引导孩子，让孩子们在七八年级时，就要对人类历史有一个整体的了解。这样，他们在学校中所学的知识，足以让他们了解人类本身内在的规则、力量和物质的运转，同时，他们也能了解到人类是如何与世界上的物质，与所有和灵魂有关的东西互相联系的。这

第 7 讲 （1924 年 8 月 19 日）

样，这些孩子们就可以用自己的方式了解到人类如何在宇宙间立足。这就是我们想要达到的一个目标。

与此同时，我们要让孩子尝试着了解现实生活。现在，很多人，特别是那些在城市中长大的人，他们一点生活常识也不知道，比如，纸这种东西是怎么制作出来的。

可以说，有许多许多的人并不知道他们用来写字的纸，用来穿在身上的布料是怎么制造出来的。比如他们喜欢穿皮鞋，可他们并不知道皮革是怎么制造出来的。

让我们再想一想，有多少人喜欢喝啤酒，却一点也不知道啤酒是怎么制作出来的。这真是一种很无奈的情况。

自然，我们不可能让孩子们了解每一件东西是怎么做的，但我们的目标是尽量试着让孩子了解各种各样的东西是怎么做的，希望孩子们能够掌握这些与实际生活相关的知识。

可惜的是，在当今教育制度的约束下，这样一个与现实生活息息相关的教育体系要成功，是一件非常困难的事情。

可以说，在教育的发展过程中，我们必须要经历一些非常痛苦的事情。比如，有的孩子由于家庭的关系，在上三年级时一定要转学。为此，我们受到了极大的批评，这是由于他们所学的算数和读写等课程，没有达到那个学校所规定的水平。

除此之外，他们还写信告诉我们，他曾经学到的一些东西，比如，音语舞和绘画等，完全没有什么作用。

正是因为这个原因，我们既要用"了解人类的方式"教育孩子，又要让孩子能够达到现代教育所要求的水平。这就需要他们学习更多的读写知识，从而达到现代教育所要求达到的水平。

而由于受一些风俗与制度制约的关系，我们的课程就一定要包括许许多多的知识。但不管如何，我们都要尽量让孩子的学习与现实生活有密切的关系。

倘若条件允许的话，我是真的很愿意聘请一个鞋匠来华德福学校当老师。这样能让孩子们学习如何做鞋子，不仅仅是学一些理论，而是要他们通过动手练习，亲自体验一下做鞋子需要哪些东西与技巧。不过，我们无法这样做。这是由于，这样的课程与现代的教育制度不相符。

不过，我们总是要试着让孩子去学习如何做一个有技术的工作者。

当你来到华德福学校时，你会看到：不论装订书本还是做盒子，孩子们都做得非常棒。

自然，你也会看到，我们的老师用非常艺术化的教学方式指导他们做手工艺品。但你不会看到我们教女孩子做现代女士们穿的服饰。人们根本不知道，衣服领子上的花样应该与皮带上的花样和布边的花样有很大的区别。

第 7 讲 （1924 年 8 月 19 日）

当然，在做枕垫时，我们的老师也不会让孩子们用封闭式的花样，而是要用那种可以提醒你应该将头枕在什么地方的花样。你也可以看出，它的哪一边是左边，哪一边是右边，等等。在做枕垫时，孩子们同样能从中学到很多很多的知识。可以说，这也是孩子们学到如何正确地在生活中立身的一种方法。

在进行每一个细节性的工作时，我们都尝试着运用这些原则。

现在，我们拿老师为学生们写的学期评分总报告为例。事实上，就是用一生的时间，我也无法想象出，用数字来给学生的能力做评分有什么意义。

我不知道英国是不是也是如此，是不是也用数字或字母来表示一个学生做得好与坏。在中欧国家，老师的习惯是给3或4。

与之不同的是，在华德福学校，我们不给这样的报告，了解每一个孩子的老师，会用文字写成报告，即老师用自己的话来描述孩子的能力如何，是否有大的进步等。

在每一年的年终报告中，每一个孩子都会得到一句属于个人的箴言或诗句式的评语，这个评语可以当作下一年的学习指南。

一般来说，报告的格式是这样的：首先是孩子的名字，再来是一句诗或箴言，再来是老师描述这个孩子的特性，各项课业的表现，以及在学校一些活动上的进步。可以说，这个报告是一种描述。孩子们都很喜欢这个属于自己的报告，通过这个报告，他们的父母对孩子在学校的表现，就有了一个比较实际的了解。

在日常生活中，我们非常努力地与孩子们的父母保持联系。通常，在学校中，我们可以通过孩子的表现看到他家庭的一些情况。由此，我们可以了解每一个孩子，也才知道如何去对待有特殊状况的孩子。

有时我们会发现，某一个孩子有特别之处，这特性看起来与其他孩子一样，但这项特性的意义却可能完全不一样。

比如，假设有两个孩子，看上去都有些爱动。我们并不是只给他们一些玩具，让他们静下来就可以了，而是要找出他们爱动的原因，其中一个孩子是因为模仿他好动的父亲，而另一个孩子是因心脏衰弱的原因。

对于每一个孩子，我们都一定要找出他与众不同的根源究竟是什么。

可以说，召开老师会议的真正目的，是了解人类的本质。在会议中，老师关心的是整个学校。老师会议的根本就是研究——稳定的、持续的研究。

事实上，这些就是我对学校实际组织想要提出的一些方向性建议。

当然，假若这个课程可以延续数周，我还会提出许多的建议。可惜的是，时间有限，所以，明天再相聚时，你们就可以提出心中所有的问题，我将一一作答。

第 8 讲
（1924年8月20日）

对孩子的教育与教学，不管是老师，还是家长，都有一些疑问，现在，我来做一些问题的解答。由于时间的原因，只回答一些比较常见又非常重要的问题。

第 8 讲　（1924 年 8 月 20 日）

（1）对小学一年级的教学方法来说，乘法与除法的教学有无区别？有什么区别？

关于这个问题，其实我之前已经做了详细的介绍。

一般来说，在乘法中，如果已经有了被乘数与乘积，而还没有乘数。当然，这就涉及了所谓的除法问题。

如果我们不是太爱咬文嚼字的话，就可以用如下的方式来考虑一下除法的问题。

假设我们已经将一个总数用某种方法分开了，被分开的每一部分的量是多少？对此，你也可以这样考虑：某一个数字到底要乘上什么数字,才会得到另一个数?

如果说,我们的问题是将一个总数分成若干份,我们就一定要用除法来做这道题,但是如果我们要计算的是某一个数的"多少次,多少倍"那么就可以用乘法来计算了。这样,我们能清晰地看出乘法与除法之间的关系了。

但是,要提醒的是,在儿童上小学时,对于除法,他们可以用两种不同的计算方法。其中,可用我刚才提及的一个方法,即将一个总数分成若干份,每一份是多少。从总数中分出若干部分,这是一种除法。再就是,用另一种除法,即从某部分开始计算,计算出一个总数中有多少这样的部分。这样,除法就不是分成若干份,而是一种测量法了。

我们一定要及早教儿童,要告诉他们将一个总数分成若干份与测量法不同的地方,但要记住的是,在教学时,不要向他们讲一些名词,这样的话,乘法与除法的本质与生活就有了关联。

可以说,在儿童就学的第一年,你可以向他们介绍如何使用乘法与除法,不过,一定要能明确地指出乘法与除法的不同点。与加法和减法的不同点相比,乘法与除法的区别,更为细微,因而对儿童来说,这些是非常重要的。即使你教一年级的孩子,也不能对他们说乘法与除法应该没有什么区别,而是一定要用我刚才所讲的方法来教他们。

第 8 讲 （1924 年 8 月 20 日）

（2）在儿童多大年龄段时，我们要教他们具体的算术方法，之后，应该用什么方法将算术由具体向抽象转变？

在儿童9至10岁这个年龄段前，我们尽量不要教孩子抽象的算术，要想法教他们用具体的计算方法，让所有的教法与实际生活相联系。

当我们花两年至两年半的时间，实施了用具体方法计算的教学，用总和与形状的方式来介绍算术，以后再让孩子由具体的算术转为抽象的算术学习时，就会非常容易。因为在儿童心目中，这种计算数字的方式，是特别的生动灵活，因而，他们能很容易地由具体的算术转换到抽象的加减法。

可以说，我们要尽可能地将具体算术转为抽象算术的时间，延长到儿童9至10岁这个年龄段。

在教他们将具体算术转为抽象算术时，我们可用这样的一个方法，即以如何花钱为例。因为在日常生活中，算术使用最多的时候，就是花钱的时候。

可以说，英国的货币计量系统要比欧洲大陆好得多，它是12进位及20进位的。这真正能将所有的事物具体化，而10进位的系统就只能用来做做记录。

10进位系统是以什么为基础的呢？它是以自然的测量法则为基础。可以说，数字并不是由头脑制造出来的，而是由整个身体制造出来的。

从某一种意义上来说，头脑只是反映了数字。我们总觉得10或20是最大的数字，这是由于我们总共有10个手指，10个数字为一个单位，自然就容易被视为具体的东西。

例如，我们写"2只驴子"，这里的驴子就是具体的，2是数字。但是当你写出20这个数字，就可用2乘以10来计算。在这里，10就是一个具体的东西。

通常，当某一件事情变得太复杂时，我们只好将数字本身视为具体的事物。不过，这具体的数字依然可以当作抽象的使用。换言之，在计数时，通常不会有超过10或20的数。当然，除非我们不管什么数都将它视为具体的数学，然后，再用抽象的数与它配合，来完成我们的计算工作，比如，不管是"10乘10"或"10乘10只狗"，得到的数字都是100。

在上面的例子中，狗是具体的数字，而在另一个例子中，10是具体的数字。在这里，我们计算数字的一个秘诀，就是将数字看作一种具体的东西。

如果你好好想一想，你就会发现，在日常生活中，我们经常这样转换数字，两个12也就是两打，它的计算方法，与之前我们所说的2个10是一样的。

事实上，10进位系统是在抽象性的影响下产生的，其他的系统仍然

第8讲 （1924年8月20日）

保持较为具体的物量观念，比如，一打，一先令。在英国，1先令就是12便士。不过，我小时候，一个先令是可以分成30个单位的，而且不是用于货币系统上。

我小时候是在一个村子长大的，小村的路两边全都是房子，有意思的是，很多房子前都种满了胡桃树。

胡桃树到秋天时可以结出果实。每到秋天果实成熟时，一些小男孩就会去摘胡桃，然后留到冬天吃。通常，当他们到学校时，就会对别人说自己摘了很多胡桃。一个孩子可能会说"我已经摘了5先令胡桃"，另一个会说"我有10先令胡桃"。

在这里，孩子们所说的数字都是具体的。1先令是30个胡桃。如同我们先前所说的"1先令坚果"，就是一个单位。

在日常生活中，我们常用这些有具体含义的数字，比如，一打、两打、一双、两双，等等。同样，我们不会说"四只手套"而是会说"两双手套"，也不会说"四只鞋子"，而是说"两双鞋子"。这样，当我们想将具体计数转为抽象的计数时，就可以很轻松做到了。

我要再次强调，将具体计数转为抽象计数的过程，应在儿童9至10岁这个阶段完成。

（3）应该在什么时候教孩子用线条画图，又应该怎么具体地教他们用线条画图呢?

谈及与线条画图有关的教学方法,我认为,关键在于老师是否能以艺术的角度与观点来审视这件事。作为老师,你一定要记住,用线条画图并不是简单的事情。

所谓用线条画图,就是用线条表达一些东西。可是在现实生活中,"线"并不存在。比如,我们想表现大海,而大海是用颜色(绿)来表现的,大海上面的天空也是由颜色(蓝)来表现的,如果将这些颜色合并一起,你就会看到大地旁边是大海,大海上面是天空的风景图。

可以说,线是于两种不同颜色的边缘形成的,在这里,海天的交界线是天空的一个边界线。这种概念非常抽象,所以,我们要用艺术的角度来审视它。

倘若自艺术的角度来看它,那么,在日常生活中,我们就要用某一颜色来表现它,或者说是用光及阴影来表现它。当我们画一张脸时,这张脸究竟是什么?它在现实生活中真的存在吗?或许,它在现实生活中根本不存在,真正存在的是光及阴影的一些事物,通过画图,一个脸孔呈现于这些表面上。将线条画在纸上或者用线条勾勒脸庞,看起来都非常虚拟,因为生活中这种东西根本不存在。

可以说,艺术让人产生一种非常奇妙的感受,它会引导你自现实生活中存在的黑白色彩中制造出实物。而线条呢,则会自动地于其中呈

第8讲 （1924年8月20日）

现。通常，只有当我们沿着光与阴影或色彩中的边线描画，所谓的"线条"才能呈现出来。

正是因为这个原因，在进行绘画的教学时，一定不要从"线条画图"开始，而是自"涂色"开始，要用颜色或光与阴影来绘画。

事实上，画线教学的真正价值，在于让学生认识到：用线画出来的东西是不真实的。我们之所以有错误的感受，就是因为在画线时，这种不真实的东西影响了我们的思维方式，比如，人们用线条来表示光线。可是我们到什么地方去找这种光线呢？

我们根本无法找到这种光线，因为在日常生活中，我们所见到的是由光产生的图像。举一个简单的例子：你在墙上挖个洞，当阳光穿过它时，你就会在布屏上见到一个影像。然而你不会看到一束束光线。

可以说，我们平时所画出的光线，实际只是一种想象而已。说实话，所有你用线画出的东西都是我们大脑中想出来的。只有当你开始教他们透视图时，你才可以用线条表示准线和准点。

不久前，我与一些传统学校的老师聊了一会儿天，聊他们在师范学院学习了如何教孩子学习。最让我吃惊的是绘画老师，因为他们仅仅传授专业知识，根本没有一点艺术的气息，让人无法感受到艺术的存在。我与绘画老师聊天的感受是，你简直无法与他进行交流，他们一点也不知道现实是怎么一回事。因为以画图为职业，他们已经与现实生活失去了联系。

所以，在教孩子绘画时，要尽可能地由涂色开始教他们，而不要由画线开始教他们，这是非常有必要的事情。

让我举一个例子：如果这儿有一束阳光，从这一边照下来，当阳光一点一点地落下来时，会产生不同的光线，有亮处，也有暗处。在这里，我一直在讲述光与影，或者讲述光线无法照射的地方，不过，你再认真地看！哇，我画出了一棵树。我只讲到光与颜色，但却画出了一棵树。

事实上，我们无法画出一棵真正的树，除非我们能将光与阴影，或者绿色涂上去。如果你想画苹果树的话，你也要在上面涂一些黄色。

总的来说，我们只讲在日常生活中真正存在的一些事物，比如，颜色、光与阴影。画线呢，则只应该在与几何相关的课程中出现，可以说，几何才是与线条有关的东西，是由思考所产生的东西。

我们用颜色和阴影来表现的东西将被用线画出来。可以说，如果我们用线来画，所画的景物则不是真实的。如果由一位有传统理念的绘画老师来画这棵树，他画出的将会是十分粗犷的树。

（4）在教孩子学拉丁语与希腊语时，需要将它们翻译过来吗？是否能不用翻译就直接教他们呢？

第 8 讲 （1924年8月20日）

关于这一点，拉丁语与希腊语可以说是一个例外，并不需要将它们与现实生活联系在一起。这是由于它们是死板的语言，是没有什么变化与发展的文化。

在孩子们稍大一些年龄时，我们才应该教他们学习希腊语与拉丁语，而且是要先教孩子学习希腊语，之后再让他们学习拉丁语，在教育他们学习这两种语言前，一定要将它们先翻译过来。

不管是最初及最终的教学目的是什么，我们都要翻译古代文献。所以，我们无须用教其他语言的方法来教希腊语及拉丁语。

（5）应该怎么教孩子学习体操？在英国学校中，应该如何给孩子上体育课，比如，如何让孩子学习曲棍球及板球？

事实上，在华德福学校，并没有不允许教孩子学习体操或其他体育活动的规定。

在英国人的生活中，这些体育活动都占据着非常重要的地位，是他们生活中的一件大事。

孩子们的成长，应该以现实生活为基础。而体育活动的意义，就在于让孩子积极参与生活，不要成为现实生活的局外人。

至于"应该如何教"孩子体育，我是没什么可讲的，因为体育活动其实就是让孩子们模仿他人。

不过，在体操的教学中，要涉及解剖学和生理学中的知识，教学的重点与目标就是要他们认识到，怎么做才能让自己的身体更为轻巧与柔顺。

如果你有一个平衡杠，你自然会表现自己的一些技巧，不过，有时你总是忽略了最有意义的一套技巧：将自己吊在杠上，用手紧紧地钩住平衡杠，然后前摇、后摇，再抓住杠子做引体向上的动作，再往后摇，回来，然后再抓住杠子。

如果你没有跳跃下来，而是你一直吊在杠上，一直在空中飞跃，做了许多动作，因此，你手臂的肌肉形状与位置会有很多变化，事实上，这有利于身体的健康。

你一定要研究一下，肢体的内在运动对身体的影响，这样，你才能知道该教哪些动作，接下来，你可以给孩子们示范这些动作，再让孩子进行练习。

在这里，我所讲的体操课的教学方法，在斯图加特华德福学校里由老师弗里茨用于教学实践中。

（6）不同年龄的孩子，如何进行宗教课的教学？

我的讲话经常以现实生活为基础。华德福学校的教学方法，就是一种教育方法而已，而不是要将某种哲学或教派引入学校的生活中，因

第 8 讲　（1924 年 8 月 20 日）

而，在这里，我只讲一些华德福学校内实践的原则，作为对这个问题的回答。

相对地说，在乌坦堡我们能轻松地运用我们的教学理念。这是由于这个地区的教育有自由的教育气氛。

在华德福学校成立时，当地政府十分关心，并给了最大限度的自由。我甚至可以聘用没有通过政府认证考试的人士为老师。这并不是说，通过了政府认证考试的人不适于当一名老师，不过，他们中的有些人确实不适合当华德福学校的老师。

在建立学校时，有一件事必须要明确，我们学校有自己坚定的办学宗旨：我们只是一个"方法学校"，我们不会介入或干扰学生的社交生活，只是通过人智学寻找最好的教学方法，因此，学校纯粹是一个"方法学校"。

最初的时候，我就没有在学校中安排宗教性的课程，而天主教或新教的宗教教学应由它们自己来执行。

在最初的几年中，我们学校大部分的学生都来自工厂（华德福制烟工厂）。有许多学生都是"无教派"儿童，因为他们的父母都没有任何宗教信仰。

而我们的教育良知，则要求我们设置一些灵性的、宗教的课程，于是我们安排了"自由宗教课"，这是一套非常好的教学方法。在"自由宗教课"中，我们首先教学生感恩，让他们学会感恩大自然中的一切。在"自由宗教课"中，我们经常给孩子们讲一些传奇与神话故事。

通常，在讲这些故事时，我们会将大自然中的石头、植物等列出来，让他们从中能感受到万物的神圣，可以说，我们是在用一种适于儿童的"宗教性的自然主义"教学方法，来启发他们，引导他们。

在这里，我要强调的是，在儿童9至10岁以前的这个年龄段，不要用"了解"《福音书》的方式来教导他们。再接下来，也就是说在他们12至13岁时，才可以开始向他们讲福音，再接下来，可以给他们讲《旧约》。

对于老师来说，不用担心究竟是该教他们天主教还是新教，这些担心留给天主教或新教的神职人员吧。

每周日的时候，参加自由宗教课的人一般会参与一个礼拜仪式。而不同年龄的孩子会有不同的礼拜仪式与礼拜方式。通过这些年来的教学，我们已经看到了这些礼拜仪式的成果，它让孩子们加深了对宗教的感受，从而唤起了孩子们心中的那种伟大的奉献心。

自然，孩子们的父母也被要求参与这些仪式。显然，这些自由宗教课的教学方法，能真正地赋予基督教义一种全新的生命。

可以说，通过我们在早期所授的自然式的宗教课及后来的高级课程，在华德福学校中，有了真正意义上的基督教教义，由此，孩子们也

第 8 讲 （1924 年 8 月 20 日）

慢慢了解基督一生的行为与真义。

后来，喜欢听这个自由宗教课的人越来越多，多到让教室塞不下了，其中，有很多人是源自新教或天主教家庭。

不过，我们不因此就张扬，因为我们很难找到足够多的宗教课老师，因而，这么多孩子来上课，实际上是让学校的负担加重。

自然，我们也不希望学校被冠以"人智学教派"的名称，我们绝不希望变成那个样子，只是我们的教育良心让我们开设了自由宗教课，而越来越多的孩子们离开他们的新教或天主教课，而希望参加自由宗教课，是因为他们比较喜欢这种教法。

（7）很多学校是以英语为母语，而在以英语为母语的学校中，是否应该在一开始的时候，就为孩子们设置德语课与法语课？如果一个孩子在四五岁时来上学，老师是否也要教他语文课？

对于第一个问题，即在以英语为母语的学校中，是否在一开始就教孩子们法语或德语，我觉得这要根据学校的教学情况与实际情况来决定。

如果孩子在实际生活中，必须要使用这些语言，那你可以开设这门课程。在德国的华德福学校中，我们开设了介绍法语与英语的课程，因为法语的很多特点，是其他语言没有的，比如，可通过学习法语，对修辞学有一些感受，这是非常好的事情。而英语是一门世界通用的语言，它的通用性将会越来越明显。

在英语学校中是否该教法语或德语，这不能绝对，主要是要根据孩子们所生活的环境来做决定。对孩子来说，让他们选学一种外语并不是特别的重要。

倘若一个孩子在四五岁时，就真的上学了（其实不应该如此），那么，让他学习一些语言自然对他有利。但是，一定要记住的是，必须在换牙期以后，才正式地教他语文课。

在结束这个讲座时，我想要说：我非常真诚地感谢你们。你们的爱好与兴趣让华德福学校的教学方法在英国发芽、生根，并开花结果，你们想办一所以人智学为基础的学校，我希望你们能使用在斯图加特华德福学校训练课程中所学的一切知识，来成功地建立这个人智学学校。

请记住，第一次的成功是非常重要的，这是由于许多人都以第一次的成败论英雄。因此，从某一种意义上来说，第一次的成败，能决定你们将来的成就。

我们所从事的，不是抽象的、一知半解的学校教育改革，更不是业余的不成熟的新教学方法，而是以艺术的方式呈现出来的人性化教学。

在人类文化的发展中，我们教育工作者要肩负起许多任务，而这正

第 8 讲　（1924 年 8 月 20 日）

是其中的一项任务。

最后，对你们将从事的工作，即以人智学为基础创建学校，我致以深切的祝福。